170 años de calendarios
150
CALENDARIO EL ERMITAÑO

Contenidos

Versión audio
Los artículos con este símbolo se pueden escuchar en la versión audio con la voz de sus autores. Se puede acceder escaneando este código QR.

En las páginas centrales
Calendario 2026 en color
+ Reproducción de dos antiguas postales de Navidad coleccionables

AF212317

Edita:
Edicions Morera, SL
publicacio@calendariermita.cat
www.calendariermita.cat
www.edicionsmorera.com

Textos y contenidos:
Lola Escudero, Tomàs Molina, Jaume Nolla, Víctor Pàmies, Imma Puigcorbé, Beatriz Rodríguez, fray Valentí Serra de Manresa, Norbert Tomàs, Jordi Viader y el señor Marcel·lí Virgili.

Diseño y maquetación:
Lola Escudero y Rutlla Gràfica

Corrección:
Anna Balaguer

Comunicación:
Francesc Buxeda
francesc@sorolldefons.com

Ilustraciones:
Lola Anglada, Tomàs Argemí, Carles Barral Nualart, Antoni Batllori, Joan G. Junceda, Joan Llaverias, Francisco Marco, Xavier Nogués, Ricard Opisso, Joan Pellicer Montseny, Pacià Ross, Celestí Sadurní (gravat de portada, 1876), Norbert Tomàs, Archivo Edicions Morera, Archivo-colección Jordi Viader y Fondo Amades - DGCPAC.

Imprime:
Nova Era Publications Barcelona

Distribuye:
SGEL SLU (Prensa) y
LES PUNXES DISTRIBUCIONS

ISBN: 978-84-127985-9-3
Depósito legal: B. 22300-2018

Consejo editorial:
Amadeu Carbó, Jordi Cubillos, Pep Fornés, Marta Ibáñez, Núria Salán, fray Valentí Serra de Manresa, Estanislau Tomàs y Norbert Tomàs.

Agradecimientos
Albert Domènech, Víctor de Ory Guimerá (astrónomo del ROA), Àngel Portet (Licores Portet), Antoni Serés y Provincia de Religiosos Capuchinos de Cataluña. También a Tonis de Taradell por el Toni de Honor 2025 a los 150 años del *Calendario del Ermitaño.*

Con la colaboración de:
Institut Català de les Empreses Culturals
Generalitat de Catalunya

Impreso con papel cerficado FSC ®

FSC
FSC® A000506

DATOS ASTRONÓMICOS, CRONÓLOGICOS Y RELIGIOSOS PARA EL AÑO

2026
AÑO 151 de su publicación

POSICIÓN GEOGRÁFICA DE BARCELONA
LATITUD: 41° 23' Norte – LONGITUD: 0 h 8 min 44 s al Este de Greenwich
Coordenadas GPS del elipsoide mundial (España ETRS89): 41° 23' N y 2° 11' E

CRONOLOGÍA Y ÉPOCAS CÉLEBRES

Este año MMXXVI es el:

2026	de la era cristiana
6739	del periodo juliano
5787	del calendario hebreo, que comienza el 12 de septiembre*
4724	del calendario chino, que comienza el 17 de febrero (año del Caballo)
2801	de las primeras olimpiadas
2779	de la fundación de Roma según Varrón
2772	de la era de Nabonasar
2064	de la era hispánica (o era de César)
1986	de la venida de la Virgen María a Zaragoza
1448	del calendario islámico, que comenzará el 17 de junio, coincidiendo con la Hégira*
1146	del descubrimiento de la imagen de la Virgen de Montserrat
808	de la fundación, en Barcelona, de la orden de la Merced
444	de la corrección gregoriana del calendario
48	de la restauración de la Generalitat de Cataluña
33	del Tratado de la Unión Europea
1	del pontificado del papa León XIV

* Empieza en el ocaso del día anterior

CÓMPUTO ECLESIÁSTICO

Número áureo **13** – Epacta **XI** – Ciclo solar **19** – Indicción romana **4** – Letra dominical **D** – Letra del martirologio **I**.

FIESTAS MÓVILES

Miércoles de Ceniza – **18 de febrero**
Domingo de Ramos – **29 de marzo**
Pascua de Resurrección – **5 de abril**
Ascensión del Señor – **17 de mayo**
Pascua de Pentecostés – **24 de mayo**
Corpus Christi – **7 de junio**
Sagrado Corazón de Jesús – **12 de junio**
Primer domingo de Adviento – **29 de noviembre**

FESTIVIDADES DEL AÑO

Año Nuevo – **1 de enero** (juev.)* ✠
Epifanía del Señor – **6 de enero** (mar.)* ✠
Carnaval – **15 de febrero** (dom.)
Semana Santa – **del 29 de marzo al 5 de abril**
Viernes Santo – **3 de abril** *
Lunes de Pascua – **6 de abril** *
San Jorge – **23 de abril** (juev.)
Nuestra Señora de Montserrat – **27 de abril** (lun.)
Día del Trabajo – **1 de mayo** (vier.)*
San Anastasio (Lleida* ✠) – **11 de mayo** (lun.)
Pascua Granada (festivo local) – **24 de mayo** (lun.)
San Juan – **24 de junio** (miér.)* ✠
Asunción de la Virgen – **15 de agosto** (sáb.)* ✠
Diada Nacional de Cataluña – **11 de sept.** (vier.)*
Santa Tecla (Tarragona* ✠) – **23 de sept.** (miér.)
Ntra. Sra. de la Merced (Barcelona* ✠) – **24 sept.** (juev.)
Nuestra Señora del Pilar. Fiesta Nacional de España – **12 de octubre** (lun.)*
San Narciso (Girona* ✠) – **29 de octubre** (juev.)
Todos los Santos – **1 de noviembre** (dom.) *
Día de la Constitución – **6 de diciembre** (dom.) *
Inmaculada Concepción – **8 de diciembre** (mar.)* ✠
Navidad – **25 de diciembre** (vier.)* ✠
San Esteban – **26 de diciembre** (sáb.)*

— Todos los domingos y fechas señaladas en el calendario con una ✠ son fiestas de precepto.
* Días festivos

VISIBILIDAD DE LOS PLANETAS

Venus. Comenzaremos a ver tímidamente Venus a partir de mediados de enero como *lucero vespertino*. Su visibilidad irá aumentando paulatinamente hasta alcanzar un máximo de unas dos horas y media durante la primera quincena de junio. Después, volverá a disminuir hasta que dejaremos de verlo al atardecer, hacia mediados de octubre, y no volverá a aparecer hasta principios de noviembre, en el crepúsculo matutino, como *lucero del alba*. A finales de año lo veremos durante unas cuatro horas antes de la salida del Sol.

Marte. A partir de mediados de febrero empezaremos a ver Marte brevemente justo antes del crepúsculo vespertino. Su visibilidad irá aumentando tímidamente hasta que, a mediados de junio, lo veremos claramente durante unas dos horas. A partir de entonces, su visibilidad irá aumentando una hora más cada mes, hasta que, a finales de año, lo veremos durante casi nueve horas, desde la medianoche hasta la salida del Sol.

Júpiter. A principios de enero, Júpiter será visible una hora después de la puesta del Sol y, hasta medios de mes, durante toda la noche. Después, irá desapareciendo por el horizonte antes de la salida del Sol. Cada mes irá ocultándose dos horas antes hasta que, a finales de julio, dejará de ser visible. Entonces, saldrá por el horizonte antes de la salida del Sol, cada día más temprano. A finales de año lo veremos desde las once de la noche hasta la salida del Sol.

Saturno. Al empezar el año, Saturno será visible desde la puesta del Sol hasta aproximadamente media hora después de medianoche. Cada día se pondrá antes hasta que, a finales de marzo, dejará de ser visible. A principios de abril volverá a salir por el horizonte antes de la salida del Sol. Entonces, cada mes saldrá dos horas antes hasta que, la segunda semana de octubre, lo veremos durante toda la noche. A partir de entonces, su visibilidad se irá reduciendo dos horas cada mes antes de la salida del Sol. Acabaremos el año viéndolo solo durante ocho horas desde la puesta del Sol.

ECLIPSES

17 de febrero. ECLIPSE ANULAR DE SOL. No será visible en Cataluña. Será visible en parte de la Antártida.

3 de marzo. ECLIPSE TOTAL DE LUNA. No será en Cataluña. Será visible en América, Asia y Oceanía.

12 de agosto. ECLIPSE TOTAL DE SOL. **Será visible en Cataluña y en la Península**; también en el Ártico, E de Groenlandia y W de Islandia. Será visible parcialmente en parte de España, África, Europa y la mitad norte de América del Norte. Las circunstancias del eclipse en Barcelona (donde será parcial) serán las siguientes:

- Inicio de la fase de penumbra: 19 h 35 min
- Máximo del eclipse: 20 h 29 min (altura de 3,7°)

- Fin del eclipse después de la puesta de Sol: 20 h 55 min

El **eclipse en Tarragona y en Tierras del Ebro sí será total** desde las 20 h 29 min hasta las 20 h 30 min (durará 59 segundos).

28 de agosto. ECLIPSE PARCIAL DE LUNA. **Será visible en Cataluña**, Europa, África y América. Las circunstancias del eclipse en Barcelona serán las siguientes:

- Inicio de la fase de penumbra: 2 h 24 min
- Inicio de la sombra: 3 h 34 min
- Máxima ocultación: 5 h 13 min (altura máxima: 11°).
- Fin de la fase de sombra: 6 h 52 min (ya no será visible).

3

Tres eclipses de Sol seguidos serán visibles en la península Ibérica

Tras muchos años sin eclipses totales visibles en la península, a partir de 2026 se sucederán tres seguidos. El primero será el eclipse total de Sol del 12 de agosto de ese mismo año 2026 y, en menos de un año, el 2 de agosto de 2027, habrá otro similar. El tercero será el eclipse anular de Sol del 26 de enero de 2028. Después de este, no se podrá observar ningún otro eclipse desde la península hasta el año 2053.

Los eclipses totales de Sol son poco frecuentes y solo pueden verse desde una franja estrecha de la Tierra. El último visible en Cataluña fue el 30 de agosto de 1905. El eclipse total de Sol del 12 de agosto cruzará la península de noroeste a sureste. Entrará por el noreste de Galicia, atravesará Asturias, el noreste de Castilla y León, Cantabria, el noroeste de Madrid, el suroeste del País Vasco y Navarra, La Rioja, el noreste de Castilla-La Mancha, el sureste de Aragón, el norte de Valencia, el sur de Cataluña y las Islas Baleares. Será parcial en el resto de la península.

Es importante destacar que la observación debe realizarse con la máxima protección ocular.

CAMBIO DE HORARIO

29 de marzo: avanzar el reloj una hora, en la madrugada, de las 2:00 h a las 3:00 h
25 de octubre: atrasar el reloj una hora, en la madrugada, de las 3:00 h a las 2:00 h

INICIO DE LAS ESTACIONES

Primavera: 20 de marzo, a las 5 h 6 min
Verano: 20 de junio, a las 22 h 51 min
Otoño: 22 de septiembre, a las 14 h 43 min
Invierno: 21 de diciembre, a las 11h 20 min

* Las horas indicadas en el calendario se han adaptado al horario oficial considerando el adelanto respecto al Tiempo Universal (UTC).

LOS SECRETOS DEL CALENDARIO

Desde el año 2022 hemos ido explicando algunas de las referencias cronológicas que desde la antigüedad se utilizan para la confección de los calendarios. También hemos explicado los diferentes términos del cómputo eclesiástico, que recordamos que son un conjunto de cálculos para determinar la Pascua y las fiestas móviles. Este año descubriremos qué es la indicción romana.

Indicción romana

La indicción es un ciclo de 15 años que los romanos utilizaban para establecer el cobro de determinados tributos en todas las provincias, principalmente los destinados al pago del mantenimiento de los soldados, en particular de aquellos que habían servido 15 años. Más tarde, a partir del año 313 d.C., el emperador Constantino incluyó la indicción como un elemento cronológico en la datación de documentos.

La indicción continuó utilizándose tanto en Occidente como en el Imperio Bizantino durante la Edad Media y hasta tiempos modernos. Como período de 15 años, cada año dentro del ciclo recibe un número, del 1 al 15. Como correspondía a un año natural y comenzaba el 1 de enero, la indicción también se utilizó en las bulas papales, en documentos eclesiásticos e incluso para indicar el año de pontificado.

CAVILANDO Y CURIOSEANDO
Por el señor Marcel·lí Virgili

Ave María Purísima,

De todos es sabido que *en este mundo de monas, hay más bestias que personas,* tanto en sentido literal como figurado. Un refrán que, por más siglos que pasen, sigue siendo muy cierto.

Este año, en la reivindicación de los animales que hacemos a favor de su protección y cuidado, y para evitar la desaparición de más especies, os ofrezco un conjunto de curiosidades que, sin duda, os serán de provecho.

Para empezar, debéis saber que Dios, cuando creó el mundo y el universo, concibió a los peces y a los pájaros el quinto día, mientras que al resto de animales y bestias que habitan la Tierra –tanto las domésticas como las salvajes– las hizo el sexto día, justo antes de crear a las personas. Por lo tanto, todos somos casi primos hermanos.

El problema es que, en esta vida, siempre hay quien quiere hacernos pasar *gato por liebre,* por lo que a veces *más vale callar, que con borrico hablar.* Y dado que *cada uno arrima el ascua a su sardina,* hay que aprender a tener el espíritu sereno y practicar aquella máxima que dice: *a otro perro con ese hueso.*

Y cuántos no habrá que se alejan de tu lado *sin decir ni pío.* Como hoy en día parece que vivimos en un Carnaval continuo, recordad siempre que *por Carnaval, hasta el diablo se disfraza.*

Dicho esto, tened siempre presente que hay que tener más cuidado con las bestias de dos patas –las que hablan y solo piensan maldades– que con los animales. Y es que hay personas que no siempre merecen nuestra consideración. Bien lo dijo Jeremías: *Maldito el hombre que del hombre se fía.*

EL ARCA DE NOÉ

De todas las historias bonitas con bestias como protagonistas, seguro que la más extraordinaria es la del Arca de Noé.

Causa al Arca gran contento
tan fausto acontecimiento.

Y empiezan a discutir
a dónde tienen que ir.

Por consejo de una mona
hacen rumbo a Barcelona.

Fragmento del *Auca de "Arca de Noé" para el papá y el bebé* del dibujante Ricard Opisso (1942).

Quienes se llaman Noé celebran su onomástica el 10 de noviembre, y resulta que es el patrón de los carpinteros de ribera, que celebraban su fiesta el 1 de mayo, pues creían que ese fue el día en que Noé empezó a construir el Arca.

Los animales se dirigieron al Arca por sí mismos; Noé no fue a buscarlos. Los sabios talmúdicos dicen que fueron guiados por ángeles y, por eso, entraron tranquilos y en parejas.

Los dos únicos animales que se mencionan en la historia del Diluvio son el cuervo y la paloma. El cuervo tiene mala fama porque, vaya uno a saber por qué, se dice que voló y nunca volvió al Arca. Pero eso, las Escrituras no lo dicen. Explican claramente que, una vez acabado el aguacero y tras 150 días de navegar a la deriva porque todo estaba cubierto de agua, Noé soltó al cuervo, que salía y volvía sin cesar, ya que no había tierra firme por ningún lado.

Después soltó a la paloma, que regresó sin nada. A los siete días la volvió a soltar y esta vez regresó con una hoja verde y tierna de olivo, y no una rama, como a menudo se dibuja (la rama es una manía de los artistas; si hubieran dibujado solo una hoja, muchos de los que somos cortos de vista habríamos pensado que la paloma llevaba una cucaracha en el pico). Siete días después, Noé volvió a soltar a la paloma, y fue esta bestia la que ya no regresó nunca más. Pero la mala fama se la llevó el cuervo. Eso demuestra que la gente lo lee todo al revés.

Finalmente, recordad aquel refrán que dice una verdad como un templo y que podéis usar a menudo dondequiera que estéis:

Esto parece el Arca de Noé:
muchos animales y pocas personas.

EL REMATE

Existe una relación muy estrecha entre los escritores y toda clase de animales. He aquí unas cuantas obras célebres y "bestiales" de nuestra literatura: *El llibre de les bèsties* de Ramón Llull (1289); *La disputa de l'ase* de Anselm Turmeda (1417); *Què diuen los aucells?* de Mossèn Cinto Verdaguer (1907); *Dick* de Prudenci Bertrana (1911); *Els ocells amics* de Josep M. de Sagarra (1922); *Bestiari* de Pere Quart (1937); *Bestiari* de Josep Carner (1964) y *Els animals segons el poble* de Esteve Busquets i Molas (1987).

Para finalizar, os dejaré reflexionando con la frase que, en una asamblea de animales, Ramon Llull pone en boca del buey, sabiendo muy bien lo que decía:

La peor y más falsa bestia
que hay en este mundo es el hombre.

TOCAR EL DOS
Esta expresión tan utilizada en Cataluña para indicar que alguien se va tiene su origen en la orden que se daba a los caballos que tiraban de los carros o diligencias: para que iniciaran la marcha, se tiraba de las riendas largas tocando el dorso del animal. En catalán, dorso es *dors* y como en la época no se pronunciaba la erre, de allí la expresión *tocar el dos*.

FER L'ÀNEC
Es otra expresión popular catalana que significa "morir". Proviene de una antigua costumbre que hoy pondría los pelos de punta a los animalistas: en muchos pueblos y ciudades, durante la fiesta mayor, se celebraba una especie de justa en la que se colgaba un pato (*ànec*) de una cuerda que iba de un lado a otro de la calle o entre dos árboles. Los jugadores, montados en caballos, burros o mulas, corrían a gran velocidad y, sin caerse, debían arrancarle el cuello al pato. Si lo conseguían, el premio era el pato que, lógicamente, ya había dicho su último "cuac".

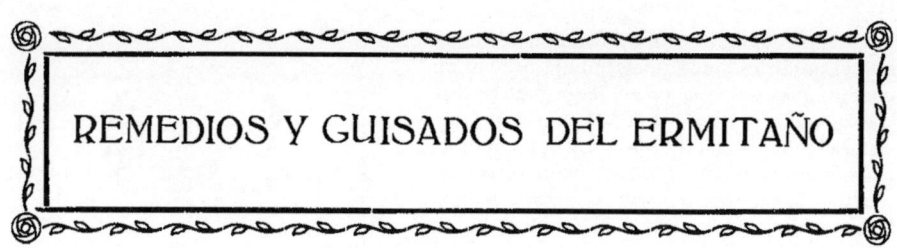

LA ELABORACIÓN DEL QUESO DE PASTOR

En la percepción del gusto y la textura del queso influye tanto el tipo de alimentación que ha recibido el ganado como el grado de manipulación de la leche y el procedimiento de maduración seguido durante el proceso de elaboración.

En torno a la ermita donde actualmente vive fray Ramón, situada en las cumbres del Pirineo, cuando llegada la primavera, los rebaños de vacas, cabras y ovejas pacen degustando lentamente los pastos. La leche que producen estos rebaños es excelente y muy apta para la elaboración del queso de pastor. La leche, pues, ya sea de oveja, cabra o vaca, es el elemento principal e imprescindible para la elaboración del queso. Hay que tener presente que la calidad del queso será mayor cuanto menos manipulación haya sufrido la leche. Por ello, los mejores quesos son aquellos que los franceses llaman de *fermier*, es decir, los de pastor, elaborados *in situ*, en los mismos corrales donde están estabulados los animales. Son quesos elaborados con la leche cruda fermentada, recién ordeñada y que, una vez madurados, conservan el carácter y la particularidad de la leche.

El sabor o la textura del queso variarán según si el ganado se alimenta de la hierba fresca de la primavera y el verano, o bien si lo hace con el grano y el forraje con los que se alimenta mientras se encuentra estabulado en época invernal. De ahí que la variedad de quesos sea enorme: los de pasta dura, blanda o florida; quesos con la corteza lavada o cepillada, según la especialidad y la denominación de origen. Así, pues, detrás de cada queso hay una tradición particular. En Cataluña, la leche destinada a la elaboración del queso –y también del requesón– se suele cuajar con los pétalos de la flor del cardo quesero (lat. *Cynara cardunculus*) que, de manera parecida al cuajo o fermento, produce unos excelentes quesos de oveja o de cabra de pasta blanda, de corta maduración y que son una delicia al paladar.

El queso de Mahón, un caso singular

En nuestros días se ha hecho mundialmente famoso el queso menorquín de Mahón –con denominación de origen–. Es único en su género, puesto que las vacas de Menorca se nutren de un forraje inédito, propio de aquel microclima, que produce una hierba de gusto y textura particularmente salados, impregnada del salitre que le aporta la tramontana. Este prestigioso queso menorquín, al parecer, ya lo elaboraban los isleños para uso doméstico mil años antes de Cristo, como lo demuestran los restos de utensilios utilizados en antiguas queserías que encontramos documentadas a partir del siglo V.

Algunos expertos en gastronomía afirman que el otoño es como una segunda primavera para los quesos ya que, con el regreso de las lluvias, aquellos prados que se habían secado durante el verano reverdecen y son nuevamente pacidos por las vacas o por los rebaños de ovejas y cabras, lo cual favorece la producción de una leche que da al queso un perfil gustativo distinto. Así, en los meses de octubre y noviembre, los quesos de maduración corta alcanzan su momento óptimo.

Quienes sufren de hipertensión o bien tienen el colesterol elevado deben ser muy moderados al comer queso, pero si se disfruta de buena salud, es un alimento muy sabroso y nutritivo.

Cabe recordar que el queso desempeña un papel destacado en numerosos platos de la tradición gastronómica conventual como, por ejemplo, los callos guisados al gusto de queso, un plato que fue bastante común antes de la supresión de los conventos decretada en julio de 1835. Fueron también muy apreciados por los antiguos religiosos los *buñuelos de queso* servidos a guisa de postre en días festivos, que los cocineros conventuales solían preparar siguiendo la receta que reproducimos a continuación.

¡Que el nuevo año MMXXVI esté colmado de buena salud y repleto de Paz y Bien!

 Fray Valentí SERRA DE MANRESA
Archivero de los capuchinos

CALLOS CON QUESO

"Cortarás en trozos una buena porción de callos que previamente habrás raspado y los cocerás en una marmita con agua salada. Después, engrasarás un plato hondo resistente al fuego, donde pondrás una capa de callos, otra de queso rallado sazonado con pimienta y nuez moscada; otra de callos, y así sucesivamente, cuidando de que la capa superior sea de queso. Al acabar, rocía el plato con caldo de carne y manteca fundida y colocarás cada plato en horno suave y, cuando se haya formado una ligera costra, estará listo para servir" (*Cocinar en tiempos de crisis*, p. 24)

BUÑUELOS DE QUESO

"Al queso fresco, hecho del día o bien del día anterior, échale un poco de harina y algunas yemas de huevo hasta que se ablande. Luego pondrás al fuego una sartén con mucha manteca y, sin que se caliente demasiado, harás buñuelos grandes y redondos. Cuando estén fritos, los untarás con un poco de miel y les echarás por encima un poco de canela molida" (*Cocinar en tiempos de crisis*, p. 33).

EL BIENESTAR DE LOS ANIMALES DE GRANJA

LA ADAPTACIÓN DE LOS ANIMALES AL HOMBRE Y AL MEDIO

Hace unos doce mil años, durante el neolítico, apareció uno de los oficios más antiguos: el de payés. El nacimiento de esta profesión provocó una gran transformación en las sociedades de la época. Los humanos pasaron de ser recolectores y cazadores a convertirse en los primeros agricultores y ganaderos, quienes hoy conocemos como payeses y payesas, personas que trabajan la tierra y crían animales. Este cambio trajo consigo una nueva forma de vida, basada en el establecimiento de los primeros poblados y la domesticación de los primeros animales.

Durante milenios, y todavía en la actualidad, el hombre ha seleccionado a los animales en función de su provecho, tanto si el propósito era la renta o simplemente su compañía. En el caso de los animales de renta, el hombre se ha decantado por los más productivos, los mejor adaptados al medio, los más prolíficos... En cambio, en los animales domésticos ha buscado otras características como la docilidad, el color del pelaje o de los ojos, o rasgos físicos singulares.

Volviendo a los animales de renta, uno de los aspectos más importantes es que tengan una buena adaptación al medio en el que viven. Por ejemplo, ciertos animales adaptados al frío no pueden criarse en zonas con altas temperaturas, ya que no sobrevivirían mucho tiempo: estarían sometidos a un estrés que incluso les podría causar la muerte.

El bienestar animal: la clave del éxito

Actualmente, el trabajo en el campo representa un porcentaje muy pequeño de la sociedad, pero años atrás era una actividad muy generalizada. Esta falta de contacto ha provocado que, en muchos casos y por desgracia, la actividad de las granjas sea percibida como una forma de maltrato hacia los animales que allí se crían. Lejos de esta visión, la realidad es que los payeses y payesas ofrecen el máximo bienestar a sus animales, cubriendo todas sus necesidades básicas.

Se sabe de sobras que un animal sin bienestar enferma. Y es precisamente la enfermedad lo que todo profesional que se dedica a la cría de animales quiere evitar.

Un animal sano puede vivir más años, no caerá enfermo y, por lo tanto, no será necesario administrarle productos farmacológicos. Por ello, ofrecer el máximo bienestar es la clave del éxito: el payés que no cuida a sus animales está destinado a fracasar.

La frontera entre el bienestar y la humanización

Pero, ¿qué es exactamente el bienestar animal? La Organización Mundial de Sanidad Animal (OIE) define el bienestar como "el estado físico y mental de un animal en relación con las condiciones en las que vive y muere". De ahí se desprende que, para gozar de bienestar, un animal necesitará estar sano, cómodo, bien alimentado y seguro. También debe disponer de libertad para expresar comportamientos innatos, tales como el gruñido de los cerdos o el mugido de las vacas. Sin embargo, y contrariamente a lo que se piensa a menudo, un animal no necesita abrazos ni besos para disfrutar de un buen bienestar. ¡Y no negaremos que los payeses repartimos muchos entre nuestros animales! Pero si lo hacemos es porque es la forma que tenemos los humanos de expresar cariño hacia alguien, no porque los animales lo necesiten. Cuando abrazamos a un animal, es el ser humano quien tiene una descarga hormonal que le hace sentirse mejor y más feliz.

Dicho esto, hay que evitar a toda costa querer humanizar a los animales, especialmente a los animales de granja. Es un error suponer que piensan y sienten como nosotros, porque no lo hacen del mismo modo. Humanizarlos, por lo general, implicará un mal mayor. Puede parecer obvio afirmar que un animal no necesita disfrazarse o celebrar su cumpleaños, pues son situaciones que no entiende y que pueden causarle un estrés innecesario. Lo que necesitan es ser amados y bien tratados, pero siempre teniendo en cuenta los cuidados que realmente requieren. Y sobre todo no debemos olvidar nunca que hay que tratarlos como lo que son: animales.

Imma Puigcorbé
Veterinaria rural y payesa
Autora de *Vaques. Històries d'una veterinària rural*

10

VACAS EN LA CIUDAD

A finales del siglo XIX, cuando la leche dejó de ser considerada un medicamento y pasó a formar parte de la dieta, en muchas ciudades proliferaron las vaquerías, unos establecimientos que hacían venta directa de la leche fresca de las vacas que vivían estabuladas en las mismas tiendas.

Vaquerias, las tiendas con establos

Durante siglos, en Cataluña la leche tuvo básicamente un uso médico. Se creía que podía curar un gran abanico de enfermedades por lo que era reservada, casi exclusivamente, a los enfermos. En consecuencia, al no ser considerada un alimento, las personas sanas no la consumían. Será a partir de la segunda mitad del siglo XIX cuando el consumo de leche pasará a ser meramente alimentario. Al principio, ese consumo estuvo limitado a las clases sociales altas y a las zonas urbanas, en especial Barcelona, pero poco a poco se fue extendiendo a otros segmentos de la población hasta generalizarse durante los primeros años del siglo XX.

Por aquel entonces, la leche que se comercializaba en Barcelona procedía de las vacas y cabras que vivían estabuladas en la misma ciudad. Por lo general, la estabulación quedaba reducida a las horas nocturnas, ya que durante el día los animales paseaban por la ciudad y eran ordeñados, en plena calle, a demanda de los consumidores. La costumbre de pasear rebaños de cabras y vacas por la ciudad se mantuvo hasta 1918, cuando, tras décadas de intentos infructuosos para ponerle fin, una epidemia de fiebre de Malta proporcionó al Ayuntamiento los argumentos definitivos para prohibirla.

Mientras se mantuvo la "trashumancia urbana", Barcelona vio aparecer diversos tipos de establecimientos dedicados a la venta de leche. Los primeros fueron las vaquerías: tiendas con establo o establos con tienda, que hacían venta directa de la leche producida por sus propias vacas. En las décadas de 1880 y 1890 se calcula que el número de vaquerías en la ciudad era de unas 180, con unas 1.400 vacas estabuladas.

Las primeras lecherías

Como hemos dicho, el consumo de leche se generalizó a partir de los primeros años del siglo XX, al menos en Barcelona. Su consumo se hizo tan habitual que incluso muchos trabajadores pasaron a desayunar café con leche en sustitución del anís, el coñac u otros licores que solían tomarse.

Fue en los últimos años del siglo XIX y primeros del XX cuando aparecieron las primeras lecherías: establecimientos sin establos ni vacas, donde se vendía leche producida fuera de la ciudad. Este cam-

Joan Viader Roger en el puesto de venta de leche y café de la plaza de Sant Josep Oriol de Barcelona (hacia 1920) (Archivo-colección Jordi Viader). La familia Viader fue pionera de la industria láctea: propietaria de una granja en Cardedeu, disponía de diversos establecimientos de venta de leche y productos elaborados en Barcelona. También fue la promotora de Letona y la creadora del popular Cacaolat.

bio fue posible tanto por la mejora de los sistemas de transporte y de conservación como por la aparición de nuevas explotaciones ganaderas en las comarcas vecinas, que abastecían de leche a estos establecimientos.

En Barcelona, a pesar de las ordenanzas que prohibían la estabulación de animales, la existencia de vaquerías se prolongó hasta principios de 1980, cuando cerraron los establecimientos de las calles de Torrijos (Gracia) y del Carme (Ciutat Vella).

Aun así, las vaquerías urbanas seguían siendo muy importantes. Su existencia fue un tema polémico durante décadas. A partir de 1909 se intentó limitar su presencia en el centro de la ciudad y se prohibió la instalación de nuevos establecimientos. En 1918 se hizo otro paso más en este sentido: se ordenó el traslado al extrarradio de las vaquerías instaladas en el centro. Pero la orden no se ejecutó y cinco años más tarde, en 1923, una nueva ordenanza fijó el 31 de diciembre de ese año como fecha límite para hacerla efectiva. La sucesión

de recursos y contrarrecursos pospuso la solución durante décadas.

En cuanto a las lecherías, algunas se limitaban a comercializar la leche comprada a terceros, mientras que otras lo hacían con la leche producida en explotaciones ganaderas propias. Estas últimas, a menudo, tomaban el nombre de la explotación ganadera a la que estaban vinculadas y se denominaban *granjas*.

Con el tiempo, el nombre de *granja* se fue desvinculando parcialmente o totalmente de su origen agropecuario y pasó a significar una "lechería donde, a manera de bar, se sirven sobre todo almuerzos y meriendas".

Muchas de estas *granjas* se limitaban a vender leche y algunos tipos de derivados lácteos elaborados de forma artesanal. Otras, en cambio, llevaban a cabo procesos de manipulación industrial más sofisticados como, por ejemplo, pasteurizar la leche, extraer nata o mantequilla, o elaborar kéfires y yogures.

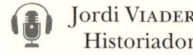 Jordi VIADER
Historiador

Los animales meteorólogos

¿Pueden los animales prever el cambio de tiempo? En la naturaleza existen diferentes elementos que actúan como alerta y que solo algunos animales son capaces de percibir. No es magia, es pura física aplicada a la supervivencia en el medio.

La predicción del tiempo

Una de las historias que me han acompañado como meteorólogo es la de Joan de Falgars, un ganadero de un pequeño pueblo del municipio de la Vall d'en Bas, en la Garrotxa. Joan, que nos dejó en 2011, llevaba siempre una barretina roja en la cabeza y, también, una gran sabiduría y conocimiento de la naturaleza. Presumía de saber qué tiempo haría solo observando el comportamiento de sus vacas. Confieso que, al principio, aquella afirmación me generaba rechazo. ¿Cómo podía alguien afirmar que las vacas podían predecir el tiempo?

Sin embargo, años más tarde intentamos poner a prueba la afirmación de Joan a través de un trabajo de fin de máster. Lo hicimos en una granja de producción de leche donde las vacas llevaban una pulsera en la pata para monitorizar su estado. El objetivo era ver si existía alguna correlación entre el comportamiento de los animales y los cambios de tiempo. Aunque por varios motivos el trabajo no prosperó, la idea de que los animales pueden anticiparse a los cambios meteorológicos ya se había normalizado en mi pensamiento.

El primer motivo de esta normalización es la evidencia de que los humanos –que también somos animales– hemos predicho el tiempo durante siglos. Ahora, evidentemente, lo hacemos con medios sofisticados como ordenadores, satélites y todo tipo de aparatos tecnológicos, pero antes sabíamos adivinar qué tiempo haría solo con nuestros ojos y nuestra piel: nunca vemos hormigas ahogadas por la lluvia, ni pájaros volando en medio de una tormenta. Y las mariposas y aves migratorias, que recorren cientos o miles de kilómetros, no solo se orientan por el relieve, sino también ante las inclemencias del tiempo.

Más que preguntarnos si los animales pueden prever el tiempo, la verdadera cuestión es: ¿cómo lo hacen?

No es magia, es física. Existen fuerzas sutiles pero poderosas como la presión y la electricidad atmosféricas, los campos magnéticos, los colores y formas de las nubes, la temperatura y la humedad del aire. Todas estas variables meteorológicas –incluyendo la fuerza y la dirección del viento– son indicadores cambiantes que pueden percibirse e incluso medirse, y que varían antes, durante y después de cualquier fenómeno meteorológico.

La presión atmosférica

Cuando la presión atmosférica desciende antes de la llegada de un frente de chubascos o tormentas, el aire tiende a ascender. Por eso se dice que las cloacas huelen antes de que llueva: el aire del alcantarillado, con todas sus emanaciones, sale hacia arriba. Así lo recoge una tradición de Bellpuig, donde a la Virgen de los Dolores también la llaman "la del mal olor", ya que antes de llover la acequia sobre la que está construida empieza a oler. Cuando la gente sube a rezar a la ermita y percibe ese aroma, piensa instintivamente que va a llover.

También las hormigas perciben estos cambios. Si entra o sale aire del hormiguero por un cambio de presión, ellas lo notan. Por eso se sabe que, antes de llover, limpian los alrededores del nido, levantan montículos de arena para protegerlo y regresan al interior antes de que empiecen a caer gotas.

Los cambios de presión son condicionantes físicos muy reales que todos hemos experimentado. Cuando subimos a un avión, por ejemplo, la presión de la cabina se ajusta como si estuviéramos a unos 2.400 metros de altitud. A mayor altura, hay menos cantidad de aire: la mitad de la atmósfera se concentra por debajo de los 5.000 metros. Por eso, cuando ascendemos a una montaña alta, algunas personas sufren lo que se llama mal de altura —mareo, cansancio o vómitos— debido a la falta de oxígeno. En un avión lo notamos porque se nos tapan los oídos. Una buena forma de evitarlo es mantener la boca abierta durante el despegue y el aterrizaje, cuando se producen los cambios de presión más repentinos. Los pájaros, que cambian de altura constantemente, también deben adaptarse a estos cambios, lo que los hace muy sensibles a las variaciones de la presión atmosférica. Y si los cambios de tiempo van asociados a estos cambios de presión, no sorprende que un pájaro nunca sea sorprendido por la lluvia.

La vista, el oido y el olfato

No tenemos pruebas concluyentes de que animales migratorios como golondrinas o cigüeñas puedan percibir el campo magnético terrestre, pero si las brújulas pueden hacerlo…, ¿por qué ellos no?

Sabemos también que muchos insectos no ven la luz como nosotros. Los ojos humanos son sensibles a la luz visible, pero no captamos ni los infrarrojos ni los ultravioleta. Estas frecuencias, asociadas a la temperatura y la energía, pueden ofrecer una especie de "visión térmica" a quien las capta. Un insecto que sea sensible puede literalmente ver si el aire es más frío o más cálido, o quizá percibir fenómenos eléctricos como la carga del ambiente antes de una tormenta.

Con el olfato y el oído ocurre lo mismo: los perros pueden oír sonidos más agudos y olores más sutiles que nosotros somos incapaces de percibir.

Si los humanos hemos aprendido a pronosticar el tiempo observando el entorno con nuestros sentidos, que son limitados, ¿cómo no van a ser capaces los otros animales de hacer lo mismo, si muchos de ellos tienen sentidos mucho más desarrollados que los nuestros?

Tomàs MOLINA
Meteorólogo

¿ Como afecta un eclipse de Sol a los animales?

El eclipse total de Sol de agosto de 2026 permitirá observar comportamientos muy curiosos y sorprendentes de los animales ante este fenómeno astronómico. En el momento de la totalidad del eclipse veremos cómo, de repente, los perros se ponen a ladrar y los pájaros dejan de volar casi simultáneamente, refugiándose en las ramas de los árboles o incluso en el suelo. Las personas, que también somos animales, experimentamos una sensación de frío, de peligro y de un misterio difícil de describir. El motivo es que, justo antes de la totalidad, aunque todavía haya luz solar, la sombra de la Luna ya habrá empezado a reducir la radiación que llega a nuestra piel, y nuestro cuerpo percibirá esta bajada de temperatura radiativa sin ninguna explicación visible, como sería el paso de una nube o la sombra de un árbol.

Si miramos al suelo, veremos como en la sombra de los árboles aparecen medias lunas por todas partes, un fenómeno sin una explicación inmediata.

REDESCUBRIENDO A
AMADES

Edicions Morera, con motivo de la celebración de los 30 años de la Asociación Cultural Joan Amades, recupera dos obras del reconocido folclorista.

Canciones, cuentos populares, fiestas, danzas, relatos, oficios... y también los gestos. El interés de Joan Amades por recopilar y preservar las tradiciones y la cultura popular lo llevó a ser el primero en considerar el lenguaje gestual como un elemento más de estudio etnográfico. Durante más de cuarenta años se dedicó a anotar todos los gestos que se le presentaban, documentándolos en miles de fichas. Finalmente, su trabajo quedó recogido en *El gest a Catalunya*, una obra publicada en catalán en 1957 en Argentina, pero hasta ahora inédita en Cataluña.

Ha sido en el otoño de 2025 cuando este trabajo, pionero en su momento, se ha publicado gracias a la Asociación Cultural Joan Amades, entidad dedicada a dar a conocer y difundir la figura y la obra del reconocido folclorista. Se trata de una edición impulsada en el marco del 30.º aniversario de la entidad, que ha contado con la colaboración del Fondo Joan Amades de la DGCPAC del Departamento de Cultura, así como con la del conservador de este fondo, Antoni Serès, y la del actor Paco Mir, miembro del reconocido grupo teatral el Tricicle, autores de los textos introductorios. Edicions Morera ha sido la encargada de la edición del libro, que se presenta en un formato atractivo y contemporáneo, trabajo del diseñador Xavi Malet.

En *El gest a Catalunya,* el lector disfrutará de las definiciones y la representación de muchos de los gestos de carácter lingüístico más utilizados.

Con la publicación de *El gest a Catalunya* se recupera una obra precursora en su género y de gran interés tanto para los estudiosos de la sociolingüística como para el público en general.

18º título de la Col·lecció l'Ermità
MONTSERRAT. Tradicions i llegendes
por Joan Amades

- Recopilación de leyendas y relatos populares sobre la montaña de Montserrat recuperados por el folclorista Joan Amades.
- Edición comentada por Antoni Serés, estudioso de la cultura popular y conservador del Fondo Joan Amades.
- Reproducción facsímil de la obra publicada en el año 1935 con preciosos grabados xilográficos de E. C. Ricart.

  Con la colaboración de: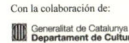

SAN FRANCISCO DE ASÍS
Primer ecologista y creador del pesebre

En la vindicación que este año hace el *Calendario del Ermitaño* a favor de la protección de los animales y el medio ambiente, queremos recordar la figura de San Francisco de Asís (1182-1226), considerado el primer ecologista y de quien en el año 2026 se conmemora el 800 aniversario de su muerte. Su fiesta se celebra el 4 de octubre.

Hijo de un comerciante adinerado, Francisco renunció a las comodidades para vivir de forma austera y coherente con el Evangelio. San Francisco es una de las figuras más queridas del cristianismo, no sólo por abrazar la pobreza radical, sino también por su profunda sensibilidad hacia la naturaleza y los seres vivos. Conocido también como *il poverello d'Assisi* ('el pobrecito de Asís'), es el santo patrón de los veterinarios y ecologistas.

En 1209 fundó la orden de los hermanos menores (franciscanos). Cataluña reivindica el paso de San Francisco en otoño de 1214, en un intento de llegar a territorios musulmanes.

San Francisco de Asís fue el inspirador del primer pesebre viviente, que organizó la Navidad de 1223 en la pequeña población de Greccio y que, desde entonces, se ha convertido en una de las tradiciones cristianas más populares y celebradas.

Su visión de un mundo en el que las personas convivan con la naturaleza y en armonía es uno de sus legados más preciados, y que hoy en día inspira movimientos ecologistas. En este sentido, su *Cántico a las criaturas* es un referente y sirvió de inspiración para la encíclica del papa Francisco *Laudato sí'* (2015), sobre el reto del cambio climático y el cuidado del planeta.

Tarjetas navideñas

Hace unos años que el *Calendario del Ermitaño* incluye, a modo de coleccionable, la reproducción de antiguas felicitaciones de Navidad, en Cataluña conocidas como *estrenes*, unas tarjetas que repartían trabajadores de diferentes oficios para desear una *Feliz Navidad* a cambio de una pequeña gratificación. Al ser una costumbre muy popular, las imprentas disponían de plantillas para estas tarjetas: en el anverso había la representación del oficio acompañada de varios motivos navideños; y en el reverso, un texto de felicitación, habitualmente en forma de verso.

En el caso de las tarjetas reproducidas este año, ambas tienen la misma plantilla, que ha sido decorada con purpurina dorada. Son de la década de 1930 y representan al carretero y la lechera. En el caso de la postal de la lechera, corresponde a la vaquería suiza de Bartolomé Arqué que había en la calle de Valencia de Barcelona.

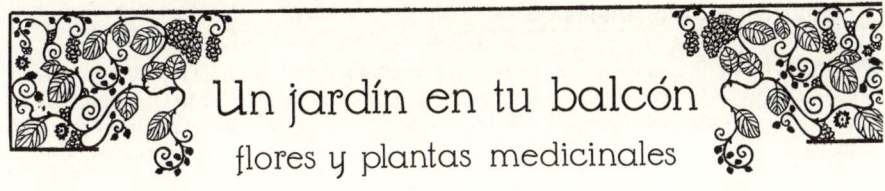

Un jardín en tu balcón
flores y plantas medicinales

Plantas y flores de jardín

Enero. Reproducir gazanias por semillas; geranios y margaritas por esquejes.

Febrero. Sembrar amapolas. Plantar lirios, gardenias, anémonas y ranúnculos.

Marzo. Sembrar margaritas, amapolas, guisantes de olor, coronados, girasoles, petunias, zinnias y campanillas. Plantar bulbos de dalias, gladiolos, narcisos y lirios de agua. Abonar la tierra.

Abril. Sembrar guisantes de olor, lobelias, petunias, pensamientos, coronados, jacintos y dalias. Reproducir las gazanias por esquejes.

Mayo. Sembrar dalias, petunias, begonias, coronados, amaranto, lirios, gladiolos, carraspique y claveles. Reproducir las plantas por acodo, injertos o esquejes.

Junio. Sembrar semillas de anémonas. Coger guisantes de olor para prolongar la floración. El jardín de verano está lleno de flores para disfrutar; podéis cosechar: lirios, campanillas, girasoles, peonias, matricaria y adormideras, entre otras.

Julio. Hacer esquejes de geranios: cortar un brote fuerte y joven de la planta madre, quitar las hojas inferiores, plantar y regar. Enraízan a los 15 días.

Agosto. Sembrar centaurea. Coger flores y las semillas de las cabezas florales que han llegado al final de su ciclo. Hay muchas variedades de centaureas; anuales, bianuales y perennes. Son plantas atractivas para las abejas.

Septiembre. Sembrar pensamientos de invierno y crisantemos. Plantar rosales. Sacar los bulbos y tubérculos de variedades no resistentes al frío y almacenar en lugar fresco. Hacer esquejes de crisantemos y hiedras. Separar de la planta madre los acodos de claveles y plantarlos.

Octubre. Sembrar plantas bulbosas: jacintos, narcisos, crocus, ranúnculos y amarilis. Podar rosales.

Noviembre. Sembrar amapolas, alhelíes y malva. Plantar los bulbos de narcisos, crocus, tulipanes y jacintos; escilla y pensamientos en semillero. Dividir los rizomas de los lirios. Almacenar los tubérculos de dalias.

Diciembre. Sembrar pensamientos en plantel. Plantar los bulbos de narcisos, tulipanes, crocus, jacintos, escila, fresia, amarilis, ranúnculos y nazarenos. Podar rosales. Los bulbos necesitan un suelo arenoso y aireado.

Aromáticas y medicinales

Enero. Siembra directa de manzanilla. Cosechar perejil. Preparar una maceta para cada planta de orégano, romero, caléndula y menta.

Febrero. Sembrar santolina y valeriana. Cosechar la escorzonera. La valeriana crece bien en suelos pobres y drenados; atrae a las mariposas.

Marzo. Sembrar mejorana, ajenjo, árnica, orégano, perejil, romero y comino. Hacer plantel de albahaca. El perejil es un cultivo bianual: el primer año crecen hojas en rosetón; el segundo año produce un tallo floral que se seca. Recoger las semillas.

Abril. Sembrar labiadas. Trasplantar albahaca e hinojo. Cosechar perejil y salsifí (el salsifí es un cultivo rústico bianual; sus brotes tiernos se consumen hervidos como cualquier verdura).

Mayo. Sembrar labiadas e hinojo. Plantar azafrán. Coger melisa, manzanilla, perejil y flores de capuchina, que son muy apreciadas en la alta cocina.

Junio. Sembrar cilantro e hinojo (del hinojo se utiliza el bulbo para comer; las semillas, para aromatizar y hacer infusiones). Plantar azafrán a 8-10 cm de profundidad. Coger flores de hipérico, comino, menta, romero y orégano.

Julio. Plantar azafrán. Cosechar orégano, menta, perejil, salvia y semillas de caléndula y capuchina. Hacer esquejes de laurel y ponerlos a la sombra protegidos del viento.

Agosto. Siembra directa de perejil y borraja. Coger hojas y flores de santolina, lavanda y ajenjo; dejar que se sequen y ponerlas en saquitos dentro de los armarios.

Septiembre. Siembra directa de perejil, ajedrea y enebro. Podar orégano y lavanda. Cosechar hinojo. El orégano se seca para rebrotar en primavera.

Octubre. Plantar tomillo, mejorana, hisopo, salvia, cilantro, estragón y lavanda. Coger hojas frescas progresivamente, de acuerdo a las necesidades de consumo.

Noviembre. Hacer esquejes de salvia, pimpinela y enebro. La salvia (del latín *salvare* –curar–) crece en suelo arenoso. Debe estar expuesta al sol.

Diciembre. Sembrar verbena. Cosechar salsifí y escorzonera. Las mentas entran en latencia para renacer en primavera. Las semillas caídas de albahaca permanecerán en la tierra hasta que se den las condiciones de temperatura y humedad para germinar; se autosiembran.

Beatriz RODRÍGUEZ

Las labiadas
Durante casi todo el año, especialmente en primavera, podemos tener en el balcón macetas con labiadas que, además de ser medicinales, son las aromáticas más utilizadas en la cocina. Es el caso de la albahaca, el orégano, la mejorana, el romero, el tomillo, la salvia, la menta, la lavanda y la melisa.

CALENDARIO DEL HORTELANO
PRODUCTOS DE LA TIERRA

Os ofrecemos un calendario tradicional de la payesia catalana, donde encontraréis un conjunto de refranes y consejos prácticos mensuales de carácter ecológico y práctico que pueden contribuir a mejorar el cultivo de aquellas hortalizas más populares y propias de nuestros huertos y campos.

Enero

Teniendo en cuenta el refrán *En enero debes abonar lo que luego sembrarás*, este mes es el más adecuado para labrar la tierra y, sobre todo, para beneficiarla con abonos orgánicos, ya sea estiércol de establo, purines o bien gallinaza, unos abonos muy ricos en nitrógeno y potasio que aportan a la tierra los nutrientes necesarios para el buen crecimiento de los cultivos. Se aconseja no podar después de las lluvias, ni tampoco si se prevén precipitaciones o en días de niebla espesa y persistente. Al podar los viñedos se deben eliminar totalmente los brazos y las cepas muertas.

Durante este mes invernal hay que proteger las plantas de las heladas y situar las aves de corral en lugares bien secos y soleados.

Al empezar el año hay que plantar ajos y cebollas y, sobre todo, espinacas y también habas tardías. En los lugares más cálidos se puede empezar a sembrar la simiente de acelgas, coles, perifollo, perejil, zanahorias, tirabeques o "guisantes capuchinos", guisantes de desgranar, puerros, rabanitos, remolacha, achicoria y chirivía.

19

Febrero

Se deben podar, labrar y abonar convenientemente los viñedos, vergeles y olivares, teniendo siempre presente el dicho *Árbol podado en febrero, tendrá fruto duradero.*

En febrero ya se puede iniciar la siembra temprana de las patatas, y es el mejor momento para trasplantar las fresas y las alcachofas. En la tierra reposada de los huertos se suele sembrar la semilla de las principales variedades de escarola y de lechuga, tales como la lechuga romana blanca, lechuga escarola de primavera, lechuga negra, lechuga llamada "de los tres ojos" y, sobre todo, la escarola de "cabello de ángel" o "de la peluca". También se puede sembrar la simiente de la col verde, el perejil y el apio temprano. Se suelen sembrar castañas y bellotas y se desbrozan de matorrales los bosques.

Marzo

Si todavía no se ha concluido la poda de los viñedos, debe terminarse, ya que según afirma un antiguo dicho *Tu viña preciada, entrando en marzo, ya labrada y podada.* Se debe prestar atención a la acción dañina del pulgón lanígero ya que es cuando empieza a penetrar en las grietas de los árboles.

Es recomendable añadir a la tierra de cultivo turba procedente de aguas pantanosas o de la descomposición de residuos generales. Esta turba beneficiará enormemente el terreno, otorgándole una mayor capacidad de retención de agua y mejorando su porosidad.

 En las huertas se debe proseguir con la siembra del perejil, zanahoria, rábanos, cebollas, puerros, espinacas, chirivías y, sobre todo, de escarola y lechugas para ensaladas en las variedades "bledera", "alcachofera", "maimona" y, sobre todo,

---

Consejos para el cultivo de un pequeño huerto en el balcón de casa

Colocar las macetas o mesas de cultivo en un lugar bien soleado ya que las hortalizas necesitan mucha luz y un mínimo de 5 horas diarias de sol. Si se disponen jardineras en diferentes pisos es importante que a todas les llegue la luz directa. También es importante protegerlas del viento.

*

Utilizar un sustrato rico en materia orgánica, aireado y esponjoso, que permita un buen desarrollo de las raíces.

*

Más que la altura es importante el volumen de las macetas o jardineras que se utilizan. Se debe procurar un buen drenaje poniendo piedras o grava en el fondo.

*

Regar adecuadamente, siempre comprobando antes el grado de humedad de la tierra. En verano, los riegos serán casi diarios, si es posible con riego automático.

*

Regularmente se debe controlar la aparición de plagas y actuar de inmediato en caso de infestación. Las plantas aromáticas como la albahaca, la ruda o el tabaco actúan como repelente.

*

Combinar plantas compatibles y plantar escalonadamente para ir recogiendo durante todo el año.

*

Usar abonos y fertilizantes, a poder ser orgánicos como estiércol o compost.

Hortalizas para el hortelano novel

Perejil, lechuga, rábanos, cebollas, coles, ajos, pimientos y tomates.

de lechuga romana larga y de lechuga escarola blanca de verano. Ahora se siembran las simientes de los berros, las espinacas de hoja ancha y las coles en las variedades de "col de las siete semanas" y "col de mitra", así como los guisantes enanos y los guisantes negros y rugosos.

Abril

Durante la primavera hay que tener el huerto bien cultivado y libre de orugas y malas hierbas ya que *En abril, cortas un cardo y crecen mil*. En la viña hay que estar atentos a la posible presencia de hongos, especialmente en las cepas de las variedades más sensibles, como la garnacha.

El mes de abril es muy apto para sembrar las simientes de aquellas hortalizas que mejor se adaptan a los meses de verano como, por ejemplo, calabaza, calabacín, lechuga, remolacha, nabo, melón, sandía, pepino, rábanos, espinacas y, también, sembrar la judía para recoger tierna la vaina. Se puede proceder a plantar judías de mata baja en las variedades de las mochas agrisadas, mochas rojas, las enanas bermejas de la "avellanita" y la judía negra "de San Pedro". En los lugares más resguardados y soleados se puede preparar la siembra para hacer plantel de berenjenas, tomateras tempranas y de los pimientos largos y los más gruesos llamados de "morrón".

Mayo

Durante el mes de mayo es muy recomendable esparcir en la tierra de los campo s y huertos un compuesto elaborado con turba y la hojarasca fermentada para que así las hortalizas cultivadas sean mucho más sabrosas. Si la tierra de los viñedos y olivares estuviera muy seca, hay que regar los vástagos jóvenes plantados en otoño, y

recordar que *Flor del olivo en mayo, aceite para todo el año*.

 En este mes hay que plantar los apios tardíos y las lechugas, especialmente la variedad "maravilla", ya que en verano le cuesta más espigarse. También es un buen momento para trasplantar el plantel de pimientos, berenjenas y tomateras de las diversas variedades "de manzana", "de pera", "rosa" o "de Montserrat" y "corazón de buey", plantando cerca algunas matas de albahaca y tabaco para repeler a los insectos.

Junio

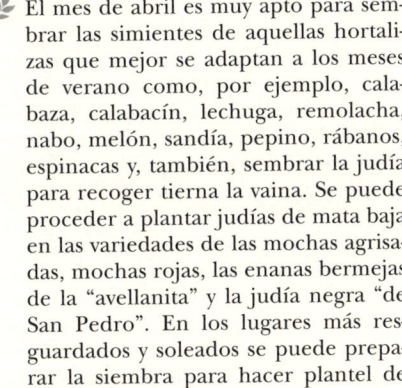

En junio es necesario esparcir en la tierra de los huertos una buena proporción de sustrato orgánico de turba para así mejorar la calidad del terreno, de acuerdo con aquel dicho que dice: *Junio brillante, año abundante.*

Los hortelanos deben prestar mucha atención a las colonias de pulgón gris y pulgón lanígero, evitando que parasiten en los brotes tiernos de las hortalizas. Al inicio del verano también hay que estar atentos a la acción del mildiu en los viñedos y tratarlo debidamente.

21

En las huertas se procederá a la plantación de la escarola y de las tomateras tardías y, sobre todo, de las judías para recoger judías secas. También suele ser un buen momento para sembrar los nabos tardíos y los pepinos. Al empezar el verano se siembra en las huertas la semilla del brócoli azul –o de Santa Teresa– y del brócoli llamado "oreja de asno" y también se debe proceder a sembrar la simiente de la col repollo y de la col "borrachona" común.

Julio

Se aconseja cobijar las hortalizas en alambradas –especialmente las tomateras– para evitar la acción del granizo, el viento y el calor excesivo, ya que *Aunque raras las tormentas, son en julio muy violentas*.

 En las huertas se siembra la semilla de los rábanos ya que plantados durante este mes no se espigan. También se siembran las semillas de las coles de invierno –especialmente de la col manresana– y de las acelgas blancas, la acelga morada o de invierno, así como del brócoli blanco de Vic, del brócoli de Navidad y del apreciado brócoli de Cuaresma o de Santa Eulalia. Julio es el tiempo más adecuado para plantar las judías altas o trepadoras, como la judía mora o "de la vendeja", las alubias llamadas "de la custodia", las judías "del ganxet" y, también, las judías tardías.

Agosto

Hay que prestar mucha atención a los efectos nocivos del gusano de la tomatera y, también, de la araña roja en las hortalizas y en los árboles frutales. Se debe sacar de los verge-les la fruta dañada para frenar el aumento de la mosca de la fruta. También hay que controlar la acción de la mosca del olivo y, tan pronto como se detecte su presencia, se deben poner parches atrayentes en cada árbol. La vendimia ya se acerca y de ahí el refrán *Agosto hace el mosto*.

 Durante este mes se siembran las simientes del brócoli romano o de San Isidro, de la cebolla temprana blanca, de la col valenciana y de la col "gigante" para el forraje del ganado. También hay que proceder a plantar la semilla del nabo largo blanco, del redondo blanco y del nabo negro.

Septiembre

Al finalizar el verano, y poco antes de iniciar el otoño, hay que prestar atención a la acción dañina de los hongos, ya que podrían estropear la cosecha de los apios. En los bosques se siembran las bellotas y los piñones aprovechando las lluvias otoñales, ya que *Septiembre, o seca las fuentes o se lleva los puentes.*

 En las comarcas más resguardadas se sigue con la siembra de los nabos y, también, con la siembra del hinojo dulce de aliño y de las espinacas destinadas a la Cuaresma. Se siembra la semilla de la cebolla grande dulce, de la col de cucurucho, de los nabos redondos y los nabos negros.

Octubre

Antes de la llegada de los primeros fríos se siembra cereal y forraje destinado al ganado estabulado, especialmente alfalfa y esparceta, en aquellos terrenos que se quieran dejar en barbecho o reposo, recordando que *En octubre, siembra y la semilla cubre*. Se debe estar atento a la propagación del mildiu, ya que las lluvias otoñales esparcen sus esporas.

En las huertas se siembra la semilla de la cebolla blanca, la cebolla dulce de Vic, la cebolla roja y, también, de la lechuga larga romana, de la lechuga "alcachofera" y de la lechuga "lengua de buey". Se plantan los nabos redondos blancos, los puerros y ya se pueden trasplantar los esquejes de las alcachofas. También se puede proceder a la poda de los árboles frutales y a injertar los cerezos, ciruelos, manzanos y perales destinados a producir fruta dulce para ser confitada.

Noviembre

 Ahora es un buen momento para cavar y abonar la tierra teniendo presente el dicho *No pase noviembre, sin que el labrador siembre*.

En los huertos hay que evitar la acción de la oruga de la col y el brócoli, ya que estropea notablemente el follaje.

Si se quiere retrasar la maduración de los caquis, hay que procurar mantener la fruta en el árbol sin cogerla. A finales de mes se puede iniciar la cosecha de las aceitunas si ya están maduras. También es el momento de trasplantar los árboles frutales y los arbustos de jardín y ornamentales.

 En las huertas hay que plantar la simiente de espinacas, lechuga, escarola, acelgas, guisantes tempranos, puerros y habas. También se siembra la semilla de las borrajas y la cebolla dulce roja, de las variantes de escarola llamadas "cabello de ángel" y "barba de capuchino" y se planta la semilla de los rábanos largos y de los nabos de mesa.

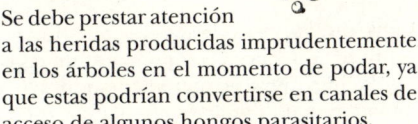

Diciembre

Se debe prestar atención a las heridas producidas imprudentemente en los árboles en el momento de podar, ya que estas podrían convertirse en canales de acceso de algunos hongos parasitarios.

 En los huertos más soleados ya se puede iniciar la siembra temprana de los nabos planos, los rábanos largos, la lechuga escarolada, los ajos y de algunas legumbres, como los guisantes de Llavaneres y las habas de Maó. Hay que procurar que, cuando aparezca el pulgón, este no se aferre a las habas tempranas todavía tiernas, ya que su acción podría afectar al proceso de crecimiento de la planta.

Fray Valentí SERRA DE MANRESA

La influencia de la Luna
en el huerto y el jardín

Al igual que las fases lunares afectan a las mareas, se considera que, ya sea por el efecto de la luz reflejada o por la atracción gravitatoria que ejerce sobre la savia de las plantas, estas se ven afectadas según la fase en la que se encuentra la Luna. Veamos algunos consejos de lo que podemos hacer en nuestro huerto o jardín.

Luna nueva. Periodo de crecimiento lento de las plantas o de reposo. La savia se concentra en las raíces. Es momento de cosechar hierbas aromáticas y medicinales, ya que por la luna nueva se incrementan los olores y los principios activos. También es un buen momento para podar y para plantar tubérculos como zanahorias, nabos, rábanos, remolacha, boniato, jengibre, etc.

Luna creciente. La savia comienza a ascender a las hojas y ramas, lo cual favorece la germinación de las semillas y la producción de frutos. Las hortalizas de fruta, como el tomate, el calabacín, la calabaza, el melón, la berenjena o el pepino, y las de flor como la alcachofa, crecen mejor. Y también las hortalizas de hoja como coles, espinacas, acelgas y lechugas. Es momento de abonar, hacer injertos y cortar esquejes, puesto que la luna creciente puede estimular el crecimiento.

Luna llena. La savia se concentra en los tejidos superiores de las plantas: hojas, frutos y flores. Es momento de cosechar frutos y hortalizas de hoja. No conviene cortar esquejes.

Luna menguante. La savia se concentra en las partes subterráneas de las plantas y se produce un rápido crecimiento de las raíces. Es un buen momento para realizar trasplantes e injertos. También de plantar hortalizas que crezcan a ras de suelo y tubérculos como zanahorias o rábanos.

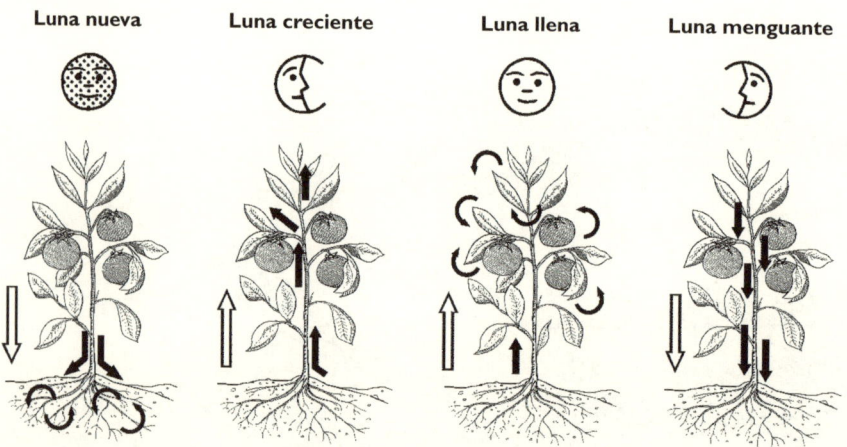

Luna nueva · Luna creciente · Luna llena · Luna menguante

Calendario Estacional
de cosecha de frutas y hortalizas

Invierno

Fruta
limón
mandarina
manzana
naranja

Hortalizas
acelga
alcachofas
apio
brócoli de Sta. Teresa
canónigos
calçot (cebolleta)
chirivía
col de Bruselas
col lombarda
col repollo
col verde
coliflor
endivia
escarola
espinacas
frijoles
lechuga
nabo
puerros
rábano
repollo

Primavera

Fruta
cereza
fresas
limón
manzana
naranja
níspero

Hortalizas
acelga
alcachofas
ajos
apio
brócoli
calçot (cebolleta)
canónigos
cebolla
coles
coliflor
endivia
escarola
espárragos
espinacas
guisantes
habas
judías
lechuga
patata
pepino
puerros
tirabeque
zanahoria

Verano

Fruta
albaricoque
ciruelas
higos
melocotón
melocotón plano
melón
moras
nectarina
pera
sandía

Hortalizas
acelga
ajos
berenjena
calabacín
calabaza
cebolla
escarola
garbanzos
judía tierna
lechuga
lentejas
patata
pepino
pimientos
remolacha
tomate
zanahoria

Otoño

Fruta
almendra
avellana
caqui
castaña
granada
higos
limón
naranja
nuez
mandarina
manzana
membrillo
pera
uva

Hortalizas
acelga
apio
boniato
brócoli
calabaza
col
coliflor
escarola
espinacas
lechuga
puerros
rábano
remolacha
zanahoria

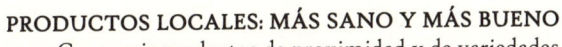

PRODUCTOS LOCALES: MÁS SANO Y MÁS BUENO

Consumir productos de proximidad y de variedades
autóctonas es una manera más sana y saludable de comer,
siempre respetando la temporada de cada producto. Además
de beneficiar a nuestros productores locales, también es más
sostenible, ya que se evitan transportes y emisiones contami-
nantes y se favorecen prácticas de cultivo más ecológicas.

ENERO

Mes consagrado al Niño Jesús

Sale	Se pone		Sale	Se pone
8.17	17.32	**1 Juev.** SOLEMNIDAD DE SANTA MARÍA MADRE DE DIOS. La imposición del Nombre de Jesús (también Emmanuel o Manuel). San Concordio, pbro. mr. Sta. Eufrosina, virgen. JORNADA MUNDIAL DE LA PAZ	15.14	6.25
8.17	17.33	**2 Vier.** Stos. Basilio el Magno y Gregorio Nazianzeno, obs. y drs.; Macario y Adelardo, abs. *Conmemoración de la venida de María Santísima a Zaragoza.*	16.19	7.38
8.18	17.34	**3 Sáb.** Stos. Antero, papa mr.; Daniel de Padua, mr. Sta. Genoveva, vg. *El Santísimo Nombre de Jesús.*	17.33	8.40
		LUNA NUEVA *a 11 h 3 min de la mañana en Cáncer. Despejado.*		
8.18	17.35	**4 Domingo** *Segundo después de Navidad.* Stos. Tito y Rigoberto, obs.; Odilón, ab. de Cluny. Sta. Ángela de Foligno, rel.	18.53	9.27
8.18	17.36	**5 Lun.** Stos. Telesforo papa; Simeón Estilita, anacoreta. Bto. Diego José de Cádiz, capuchino. Sta. Emiliana, vg.	20.10	10.04
8.17	17.37	**6 Mar.** ✠ **EPIFANÍA DEL SEÑOR y adoración de los Santos Reyes Melchor, Gaspar y Baltasar** (también Adoración o Dora); Nuestra Sra. de los Reyes *(en Santa María del Pi de Barcelona).* Stos. Melanio, ob. y Nilamón. Sta. Macra, vg. mr.	21.24	10.33
8.17	17.38	**7 Miér.** Stos. **Raimundo de Peñafort, dominico**; Julián de Toledo, ob.; Crispín, mr.; Tillón (cat. Tell), abad.	22.32	10.57
8.17	17.39	**8 Juev.** Stos. Apolinar, ob.; Severino, ab.; Eladio y Teófilo, mrs.; Pedro Tomás, ob. Sta. Gúdula, vg.	23.38	11.17
8.17	17.40	**9 Vier.** Stos. Eulogio de Córdoba, pbro. mr.; Julián y Basilisa, esposos mrs.; Marcelino, ob. Sta. Gúdula, vg.	** **	11.38
8.17	17.41	**10 Sáb.** Stos. Agatón, papa; Nicanor, diácono; Pedro Urseolo (monje de San Miguel de Cuixá); Beato Gregorio X, papa.	0.42	11.58
		CUARTO MENGUANTE *a 4 h 48 min de la tarde en Libra. Bajada de temperaturas.*		
8.17	17.42	**11 Domingo** *El bautismo de Jesús.* Stos. Higinio, papa mr.; Alejandro y Salvio, obispos mrs. Stas. Honorata y Hortensia, vgs. Beata Ana Maria Janer, rel. fund. EMPIEZA LA "SETMANA DELS BARBUTS"	1.45	12.19
8.16	17.43	**12 Lun.** Stos. Arcadio, mr.; Nazario, mje.; Victorián, ab.; Bernardo de Corleone, capuchino; Elredo, mje. Sta. Tatiana, mr.	2.47	12.43
8.16	17.44	**13 Mar.** Stos. Hilario de Poitiers, ob. y dr.; Gumersindo, pbro. mr. Sta. Verónica de Benasco, vg.	3.51	13.12
8.16	17.45	**14 Miér.** Stos. Juan de Ribera, ob.; Malaquías, profeta; Devasahayam, mr. Sta. Macrina, matrona.	4.54	13.47
8.15	17.47	**15 Juev.** Santos **Pablo, primer ermitaño en Tebas**; Efisio, mr.; Habacuc y Miqueas, profetas; Mauro (cat., Maure o Mauri), ab. Sta. Secundina, vg. mr.	5.54	14.30

Por San Antón, la gallina pon.

Grano a grano, hincha la gallina el papo.

 Selección de dichos a cargo de Víctor Pàmies,
lingüista especializado en paremiología.

☀ Sale	Se pone	ENERO Mes consagrado al Niño Jesús	☾ Sale	Se pone
8.15	17.48	**16 Vier.** Stos. Marcelo I, papa mr.; Berardo y compañeros mártires; Fulgencio, ob.; Honorato de Arles, ob. Sta. Priscila, matrona.	6.50	15.21
8.14	17.49	**17 Sáb.** San **Antonio el Grande, abad**. Stas. Leonila, mr. y Rosalina de Vilanova, cartujana.	7.39	16.20
8.14	17.50	**18 Domingo** II del tiempo ordinario. San Volusiano, ob. Sta. Prisca, mr. Inicio del octavario de oraciones para la unidad de los cristianos.	8.19	17.26
		◉ **LUNA NUEVA** a 8 h 52 min de la noche en Capricornio. Viento frío.		
8.13	17.51	**19 Lun.** Stos. Basiano, ob.; Canuto, rey; Mario y Marta, y sus hijos Audifaz y Abacuo, mrs. Stas. Pía y Germana, mrs.	8.53	18.33
8.13	17.52	**20 Mar.** Stos. Fabián, papa y Sebastián, tribuno romano mrs.	9.21	19.42
		☀ **SOL EN ACUARIO** a las 3 h y 7 min de la tarde.		
8.12	17.54	**21 Miér.** Stos. **Fructuoso (cat., Fruitós), ob. de Tarragona** y sus diáconos Augurio y Eulogio, mrs. Sta. Inés, vg. mr.	9.45	20.50
8.11	17.55	**22 Juev.** Stos. Vicente, diácono. mr. en Valencia; Oroncio, Vicente y Víctor de Girona, mártires del siglo III.	10.08	21.59
8.11	17.56	**23 Vier.** Stos. Ildefonso (cat., Ildefons o Alfons), ob. de Toledo; Clemente, ob. mr.; Francisco Gil de Frederic, dominico mr. en Tonquín; Severiano y Aquilano, mrs. Sta. Emerenciana, vg. mr. Los desposorios de Nuestra Señora.	10.29	23.07
8.10	17.57	**24 Sáb.** Stos. Francisco de Sales, ob. y dr.; Feliciano, ob. mr.	10.50	** **
8.09	17.59	**25 Domingo** III del tiempo ordinario. **La Conversión de San Pablo, apóstol.** San Ananias, mr. Sta. Elvira vg. mr.	11.14	0.18
8.08	18.00	**26 Lun.** Stos. Timoteo y Tito, obs. Sta. Paula (o Pola), vda. mja.	11.43	1.32
		☽ **CUARTO CRECIENTE** a 5 h 47 min de la madrugada en Tauro. Variable. Frío.		
8.07	18.01	**27 Mar.** Sta. Ángela de Mérici, vg. fund. Stos. Emerio (cat. Mer) abad de Banyoles; Enrique de Ossó, pbro. fund.; Vitaliano, papa.	12.18	2.49
8.07	18.02	**28 Miér.** Sto. Tomás de Aquino, dominico y dr.; Valerio, Flaviano y Tirso, mrs.	13.04	4.06
8.06	18.04	**29 Juev.** Stos. **Pedro Nolasco, fund.**; Julián obispo de Cuenca; Constancio y Valero, obs.	14.01	5.20
8.05	18.05	**30 Vier.** Stas. Martina, vg. mr.; Batilde, reina; Jacinta de Mariscotti, vg.	15.10	6.25
8.04	18.06	**31 Sáb.** San Juan Bosco, pbro. fund.; Bernardo Travesser, dominico mr. Sta. Marcela, vda.	16.25	7.17

FEBRERO

Mes consagrado a la Purificación de la Santísima Virgen

Sale	Se pone		Sale	Se pone
8.03	18.07	**1 Domingo** *IV del tiempo ordinario*. San Cecilio, ob. mr. Sta. Brígida de Irlanda, vg.	17.42	7.58
		☺ **LUNA LLENA** *a 11 h 9 min de la noche en Leo.* Despejado.		
8.02	18.09	**2 Lun.** LA PRESENTACIÓN DEL SEÑOR y la Purificación de Nuestra Sra. *(la Candelaria)*, Nuestra Señora de la Ayuda (Barcelona); de la Candela (Valls). Sta. Catalina de Ricci, rel. *Jornada Mundial de la Vida Consagrada.*	18.58	8.30
8.01	18.10	**3 Mar.** San Blas, ob. mr. y Anscario (Óscar), ob. Stas. Celerina, mr.; Claudina Thévenet, fund.	20.11	8.56
8.00	18.11	**4 Miér.** Stos. Andrés Corsini, ob.; Gilberto, mje.; José de Leonisa, capuchino; Juan de Britto, mr. Stas. Verónica (o Berenice); Juana de Valois, reina fund.	21.19	9.19
7.59	18.12	**5 Juev.** Stas. Ágata (o Águeda), vg. mr.; Alicia (o Adelaida), abadesa; Calamanda, vg. mr.	22.26	9.40
7.57	18.14	**6 Vier.** Stos. Pablo Miki, Pedro Bautista y comps. mrs. del Japón. Sta. Dorotea, vg. mr. *El Santo Misterio de Cervera.*	23.30	10.00
7.56	18.15	**7 Sáb.** San Ricardo, rey; Stas. Juliana vda.; Coleta, vg.	** **	10.20
7.55	18.16	**8 Domingo** San Jerónimo Emiliano, fund.; Stas. Josefina Bakita, rel.; Elisenda, vg.	0.34	10.44
7.54	18.17	**9 Lun.** *V del tiempo ordinario*. Stos. Nicéforo, mr.; Sabino, ob. Sta. Apolonia, vg. mr.	1.38	11.11
		☾ **CUARTO MENGUANTE** *a 1 h 43 min de la tarde en Escorpión.* Nubes finas.		
7.53	18.19	**10 Mar.** Stas. Escolástica, vg.; Sotera, vg. mr. San Silvano, ob.	2.41	11.43
7.52	18.20	**11 Miér.** Stos. Pascual I, papa; Benito de Aniano, abad. *La aparición de Nuestra. Sra. en Lourdes.*	3.44	12.23
7.50	18.21	**12 Jueves** *Lardero*. SANTA EULALIA (o Eularia) vg. mr., patrona de Barcelona. Beata Humbelina vda. Stos. Julián, mr.; Damián, soldado mr.	4.41	13.11
7.49	18.22	**13 Vier.** San Benigno, pbro. mr. Stas. Fusca, vg. mr.; Maura, mr.	5.32	14.07
7.48	18.24	**14 Sáb.** Stos. Cirilo, mje. y Metodio, ob., hermanos, copatrones de Europa; Valentín, pbro. mr. en Roma; Valentín, ob. y mr. en Sant Benet de Bages.	6.16	15.11

Una oveja con roña,
todo el rebaño empozoña.

─────── ❧ ───────

Cada día gallina
amarga la cocina.

Sale	Se pone	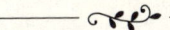 **FEBRERO** Mes consagrado a la Purificación de la Santísima Virgen	Sale	Se pone
7.46	18.25	**15 Domingo** *VI del tiempo ordinario.* Santos Faustino y Jovita, hermanos mrs.; Claudio de La Colombière, jesuita. Sta. Georgia, vg. <div align="right">Inicio del Carnaval</div>	6.52	16.18
7.45	18.26	**16 Lun.** Stos. Onésimo, ob.; Faustino, ob. Sta. Juliana de Nicomedia, vg. mr.	7.22	17.27
7.44	18.27	**17 Mar.** Los siete santos fundadores de la orden de los servitas; Stos. Alexis, rel.; Rómulo, mr.; Silvino, ob. *La huída de N.S.J.C. a Egipto.*	7.49	18.37
		◉ **LUNA NUEVA** *a 1 h 1 min de la tarde en Acuario.* *Soleado. Frío.*		
7.42	18.29	**18 Miércoles** *de Ceniza.* Stos. Eladio, ob.; Simeón, ob. mr. Beato Juan de Fiésole *(Fray Angélico).* Santa Bernadita Soubirous, vidente de Lourdes.	8.12	19.46
7.41	18.30	**19 Juev.** Stos. Conrado de Piacenza, ermitaño; Gabino, pbro. mr.; Álvaro de Córdoba, dominico.	8.34	20.57
		☼ **SOL EN PISCIS** *a las 5 h y 13 min de la noche.*		
7.39	18.31	**20 Vier.** Stos. Nemesio y Potamio, mrs.; Eleuterio, ob. Beato Mauricio Proeta, rel. Agustino nacido en Castelló d'Empúries.	8.42	22.09
7.38	18.32	**21 Sáb.** San Pedro Damián, ob. y dr.; Severiano, ob. mr. *Fiesta de la «Misteriosa Llum»,* en Manresa.	9.20	23.23
7.37	18.33	**22 Domingo** *I de Cuaresma.* **La Cátedra de San Pedro, apóstol.** Sta. Eleonor (o Leonor), reina.	9.46	** **
7.35	18.35	**23 Lun.** Stos. Policarpo, ob. mr.; Florencio, confesor. Sta. Marta de Astorga, vg. mr.	10.18	0.39
7.34	18.36	**24 Mar.** Stos. Edilberto, rey; Modesto, ob.; Sergio, mje. mr. Sta. Primitiva, mr.	10.59	1.55
		☽ **CUARTO CRECIENTE** *a 1 h 28 min de la tarde en Géminis.* *Temperaturas suaves. Nuboso.*		
7.32	18.37	**25 Miér.** Stos. Cesario, médico mr. Sta. Walburga, abadesa.	11.51	3.10
7.31	18.38	**26 Juev.** Stos. Alejandro, ob.; Néstor, ob. mr.; Porfirio, ob. mr. Sta. Paula Montal, fundadora.	12.54	4.16
7.29	18.39	**27 Vier.** Stos. Gabriel de la Dolorosa, pasionista; Baldomero, subdiácono. Sta. Honorina, vg.	14.06	5.11
7.28	18.41	**28 Sáb.** San Román, ab. Stos. Serapión, Rufino y Teófilo, mrs.; Hilario, papa.	15.22	5.55

ARIES

MARZO

Mes consagrado al Patriarca San José ☾ Sale | Se pone

Sale	Se pone		Sale	Se pone
7.26	18.42	**1 Domingo** *II de Cuaresma.* Stos. Rosendo, ob.; Abundancio, mr.; Albino de Vercelli, ob. Stas. Eudocia y Antonina, mrs. *El Santo Ángel de la Guarda.*	16.36	6.30
7.24	18.43	**2 Lun.** Stos. Absalón, mr.; Lucio, ob. mr. Stas. Genaria, mr.; Inés de Praga, rel.	17.50	6.57
7.23	18.44	**3 Mar.** Stos. **Medín (cat. Medir), labrador**; Celedonio y Emeterio mrs. Stas. Cunegunda, emperatriz; Marcia, vg. mr.	19.00	7.21
		☺ **LUNA LLENA** *a 12 h 38 min del mediodía en Virgo. Frío intenso y lluvias dispersas.*		
7.21	18.45	**4 Miér.** Stos. Casimiro, rey; Lucio I, papa mr.; Néstor, Eterio, Arcadio, Capitón y Efrén, mrs.	20.07	7.42
7.19	18.46	**5 Juev.** Stos. Focas, mr.; Juan José de la Cruz, franciscano.	21.13	8.02
7.18	18.48	**6 Vier.** Stos. **Olegario (cat., Oleguer), obispo de Barcelona y arzobispo de Tarragona**; Víctor y Victoriano, mrs; Virgilio, ob.	22.18	8.23
7.16	18.49	**7 Sáb.** Stas. Perpetua y Felicidad, mrs. San Teófilo, ob.	23.22	8.45
7.15	18.50	**8 Domingo** *III de Cuaresma.* Stos. Juan de Dios, fund.; Julián de Toledo, arzob.; Veremundo (Bermudo de Irache), abad. Sta. Aurelia de Niza, mr.	** **	9.11
7.13	18.51	**9 Lun.** Stos. **Paciano, ob. de Barcelona**; Gregorio Niseno, ob. Sta. Francisca Romana, viuda.	0.27	9.41
7.12	18.52	**10 Mar.** Los Cuarenta Mártires de Sebaste. Stos. Cayo, mr.; Cándido, mr.; Macario, ob.; Melitón, mr.; Simplicio, papa.	1.31	10.17
7.10	18.53	**11 Miér.** Stos. Eulogio de Córdoba, pbro. mr.; Sofronio, ob. Stas. Áurea (Oria), ab.; Rosina de Wenglingen, vg. mr.	2.30	11.02
		☾ **CUARTO MENGUANTE** *a 10 h 39 min de la mañana en Sagitario. Despejado.*		
7.08	18.54	**12 Juev.** Stos. Inocencio I, papa; Teófanes, mje.	3.24	11.54
7.07	18.56	**13 Vier.** Stos. Nicéforo, ob. mr.; Ramiro, mje.; Rodrigo, pbro. mr.; Salomón, mr. Stas. Patricia, mr.; Cristina, vg. mr.	4.10	12.54
7.05	18.57	**14 Sáb.** Stos. Afrodisio mr. Stas. Florentina, vg.; Matilde de Saxonia, reina.	4.49	13.00
7.03	18.58	**15 Domingo** *IV de Cuaresma.* Stas. **Madrona, copatrona de Barcelona**, vg. mr.; Luisa de Marillac, fund. San Raimundo de Fitero, ab. fund.	5.22	15.08
7.02	18.59	**16 Lun.** Stos. Abraham, ermitaño; Heriberto de Colonia ob.; Hilario, ob. mr. Sta. Eusebia, ab.	5.49	16.17

Marzo, marcero,
cada oveja con su cordero.

Le dijo el asno al mulo:
¡Échate allá, orejudo!

Sale	Se pone	MARZO — Mes consagrado al Patriarca San José	Sale	Se pone
7.00	19.00	**17 Mar.** Stos. Patricio, ob.; José de Arimatea; Sta. Gertrudis de Brabante, vg. ab.	6.14	17.27
6.58	19.01	**18 Miér.** Stos. Cirilo de Jerusalén, ob. y dr.; Salvador de Horta, franciscano; Anselmo, ob.	6.36	18.38
6.57	19.02	**19 Juev.** ✠ SAN JOSÉ ESPOSO DE LA VIRGEN MARÍA, patrón de la Iglesia. Stos. Amancio, diácono mr.; Quinto, mr.	6.59	19.51
		LUNA NUEVA *a 2 h 23 min de la madrugada en Piscis. Nubes y claros.*		
6.55	19.03	**20 Vier.** Stos. Ambrosio de Siena, dominico mr.; Juan Nepomuceno, pbro. mr. Stas. Eufemia y Alejandra, mrs.; Fotina, la samaritana.	7.22	21.07
		SOL EN ARIES (equinoccio) *Empieza la PRIMAVERA a las 4 h 6 min de la madrugada.*		
6.53	19.04	**21 Sáb.** San Filemón, mr. Sta. Fabiola, matrona romana. *El traspaso de San Benito, abad.*	7.48	22.24
6.51	19.05	**22 Domingo** *V de Cuaresma.* Stos. Epafrodito; Zacarías, papa; Deogracias y Bienvenido, obs.; Octaviano, mr. Sta. Lea, viuda. DIA MUNDIAL DEL AGUA	8.19	23.43
6.50	19.07	**23 Lun.** Santos **José Oriol**, pbro.; Toribio de Mogrovejo, ob.; Sta. Aquila, mr.	8.59	** **
6.48	19.08	**24 Mar.** Stos. **Cipriano arz. de Tarragona**; Simeón, niño mr. Stas. Berta, vg.; Catalina de Suecia, mr.	9.47	1.00
6.46	19.09	**25 Miér.** LA ANUNCIACIÓN A MARÍA Y LA ENCARNACIÓN DEL SEÑOR. San Humberto, ab. Sta. Dula, mr.	10.47	2.10
		CUARTO CRECIENTE *a 8 h 18 min de la tarde en Cáncer. Lluvias dispersas.*		
6.45	19.10	**26 Juev.** San Braulio, ob. de Zaragoza. Beato Pedro Marginet, monje de Poblet. Sta. Máxima, mr.	11.56	3.08
6.43	19.11	**27 Vier.** Stos. Alejandro, soldado mr.; Juan, ermitaño; Ruperto, ob. Sta. Lidia, mr.	13.10	3.54
6.41	19.12	**28 Sáb.** Stos. Doroteo, mr.; Gontran, rey; Esteban, abad. *Los Siete Dolores de la Virgen (Dolores, Lola, Soledad, María de la Cruz).*	14.25	4.31
7.40	20.13	**29 Domingo** *de Ramos.* Stos. Armogasto, conde mr.; Cirilo, diácono mr.; Eustasio, ab. Sta. Gladis, reina.	16.36	6.00
7.38	20.14	**30 Lun.** *Santo.* Stos. Juan Clímaco, ab.; Quirino, tribuno mr.; Régulo, ob.	17.45	6.24
7.36	20.15	**31 Mar.** *Santo.* Stos. Guido, abad; Amós, profeta; Benjamín, diácono mr. Beato Amadeo, duque de Saboya, conf. Sta. Balbina, vg.	18.52	6.46

+1 h.

31

ABRIL

Sale	Se pone	Mes consagrado a los Dolores y a la Soledad de María Santísima	Sale	Se pone
7.35	20.16	**1 Miér.** *Santo.* Stos. Hugo de Grenoble, ob.; Venancio, ob. mr. Sta. Teodora, mr.	19.58	7.07
7.33	20.17	**2 Juev.** *Santo.* San Francisco de Paula, fund. Sta. María Egipcíaca, penitente.	21.03	7.27
		😊 **LUNA LLENA** *a 4 h 12 m de la madrugada en Libra.* *(Luna de Pascua)* *Lluvias y nieve en las cumbres.*		
7.31	20.18	**3 Vier.** *Santo.* San Sixto I, papa mr. Stas. Ágape y Quiónia, vgs. mrs.; Burgundófara (Fara), ab. mr.	22.08	7.48
7.30	20.20	**4 Sáb.** *Santo.* Stos. Benedicto de Palermo "el Negro", franciscano; Platón, mje.	23.13	8.13
7.28	20.21	**5 Domingo PASCUA DE RESURRECCIÓN** (onomástica: Gloria). **San Vicente Ferrer, dominico de Valencia.** Stas. Emilia, vg.; Irene, vg. mr.	** **	8.41
7.26	20.22	**6 Lun.** *de Pascua.* Stos. Guillermo, ab.; Marcelono, mr. *Nuestra Señora de la Alegría.*	0.17	9.15
7.25	20.23	**7 Mar.** Stos. Juan Bta. de la Salle, fund.; Epifanio, ob. mr.; Saturnino, ob. *El San Cristo de Igualada.*	.1.18	9.56
7.23	20.24	**8 Miér.** Stos. Juan de Organyá, mje.; Amancio y Dionisio, obs. Stas. Máxima y Macaria, mrs.	2.14	10.45
7.21	20.25	**9 Juev.** Stos. Hilario, ob. mr.; Hugo y Marcelo, obs. Sta. María de Cleofás.	3.04	11.41
7.20	20.26	**10 Vier.** Stos. Ezequiel, profeta; Terencio y Pompeyo, mrs.; Dimas, el buen ladrón.	3.45	12.44
		🌙 **CUARTO MENGUANTE** *a 6 h 52 min de la mañana en Capricornio.* *Nubes. Temperaturas suaves.*		
7.18	20.27	**11 Sáb.** Stos. Estanislao, ob. de Cracovia, mr.; Isaac, mje.	4.20	13.49
7.17	20.28	**12 Domingo** *II de Pascua o de la Divina Misericordia.* Stos. Damián, ob.; Julio I, papa; Víctor, mr.; Zenón, ob. mr. Sta. Visia, vg. mr.	4.48	14.56
7.15	20.29	**13 Lun.** Stos. Martín I, papa mr.; Hermenegildo, mr.; Urso, mr.	5.14	16.06
7.13	20.30	**14 Mar.** Stos. Máximo, Tiburcio y Valeriano, mrs.; Lamberto, ob.	5.37	17.16
7.12	20.31	**15 Miér.** Stos. Crescento, mr.; Telmo, dominico (Pedro González Telmo); Damián de Veuster, apóstol de los leprosos. Stas. Anastasia y Basilisa, mrs.	5.59	18.27

Amor de asno,
coz y bocado.

───────── ⚜ ─────────

Ovejas bobas,
Donde va una van todas.

Sale	Se pone	 **ABRIL** Mes consagrado a los Dolores y a la Soledad de María Santísima	Sale	Se pone
7.10	20.33	**16 Juev.** Stos. Toribio de Liébana, ob.; Benito José Labre, mendigo; Evencio, mr. Sta. Engracia de Zaragoza, vg. mr.	6.22	19.39
7.09	20.34	**17 Vier.** Stos. Aniceto, papa mr.; Roberto de Molesmes, ab. 🌑 **LUNA NUEVA** *a 1 h 52 min de la tarde en Aries.* *Despejado. Subida de temperaturas.*	6.48	21.00
7.07	20.35	**18 Sáb.** Stos. Apolonio, senador mr.; Eleuterio, ob. mr.; Perfecto, pbro. mr. Beato Andrés Hibernón, franciscano.	7.17	22.20
7.06	20.36	**19 Domingo** *III de Pascua.* Stos. Expedito, mr.; León IX, papa; Vicente de Cotlliure y Sócrates, mrs.	7.57	23.42
7.04	20.37	**20 Lun.** Stos. Suplicio y Serviliano, mrs. Sta. Inés de Montepulciano, dominica. ☀ **SOL EN TAURO** *a las 4 h de la tarde.*	8.40	** **
7.03	20.38	**21 Mar.** Stos. Anselmo de Canterbury, ob.y dr.; Silvino, mr.; Conrado de Parzham, capuchino.	9.38	0.57
7.01	20.39	**22 Miér.** Stos. Cayo y Sotero, papas mrs.; Apeles, mr. Sta. Senorina, ab.	10.46	2.02
7.00	20.40	**23 Juev.** SAN JORGE (Jordi, también onomástica de las Jordinas), soldado mr. Patrón secundario de Cataluña. Adalberto, ob. mr.; Gerardo, ob.; beato Gil de Assís, franciscano.	12.01	2.53
6.58	20.41	**24 Vier.** Stos. Fidel de Sigmaringen, capuchino mr.; Pedro Ermengol, mercedario mr.; Benito Menni, fund. *La Conversión de San Agustín.* 🌓 **CUARTO CRECIENTE** *a 4 h 32 min de la madrugada en Leo.* *Lluvias y nieve en las cumbres del Pirineo.*	13.15	3.33
6.57	20.42	**25 Sáb.** Stos. Marcos, evangelista; Aniano, ob. Sta. Calixta, mr. *La Divina Pastora.*	14.28	4.04
6.56	20.43	**26 Domingo** *IV de Pascua. Dominica del Buen Pastor.* Stos. Isidoro de Sevilla, ob. y dr.; Cleto I (o Anacleto) y Marcelino, papas mrs. Sta. Engracia, vg. mr. *Nuestra Sra. del Buen Consejo.*	15.37	4.30
6.54	20.44	**27 Lun.** NUESTRA SRA. DE MONTSERRAT, patrona principal de Cataluña. San Tertuliano, ob. Sta. Zita, vg.	16.44	4.52
6.53	20.45	**28 Mar.** Stos. Pedro Chanel, pbro. mr.; Luís M. Grignion de Montfort, pbro.; Vidal y Valeria, esposos mrs.; Prudencio, ob. Beato Luquesio. Sta. Teodora, vg. mr.	17.48	5.12
6.51	20.47	**29 Miér.** Sta. Catalina de Siena, vg. y dra. Stos. Hugo y Roberto, abs.	18.52	5.32
6.50	20.48	**30 Juev.** Stos. Pío V, papa; Amador, pbro. mr.; José Benito Cottolengo, fund.; Pomponio, ob.; Indalecio, ob. mr. Sta. Sofía vg. mr.	19.57	5.53

GEMINIS

MAYO

Mes consagrado a María, Madre del Bello Amor

Sale	Se pone		Sale	Se pone

6.49	20.49	**I Vier.** Stos. **José Obrero**; Jeremías, profeta; Andéolo, subdiácono mr.; Orencio, ob.; Segismundo, rey mr. Stas. Paciencia, mr.; Grata, vda. 😊 **LUNA LLENA** *a 7 h 23 min de la tarde en Escorpión. Lluvias. Temperaturas frescas.*	21.02	6.16
6.47	20.50	**2 Sáb.** Stos. Atanasio, ob. y dr.; Félix, diácono mr. Stas. Zoe, mr.; Mafalda, infanta de Portugal. *Nuestra Señora de Araceli.*	22.05	6.43
6.46	20.51	**3 Domingo** *V de Pascua.* Stos. **Felipe y Jaime el Menor, apóstoles**; Alejandro I, papa mr.; Evencio y Teódulo mrs.; Juvenal, ob. *El hallazgo o invención de la Santa Cruz.*	23.08	7.15
6.45	20.52	**4 Lun.** Stos. Silvano ob. mr.; Paulino y Floriano, mrs.; Gotardo y Venerio, obs.; Ceferino Jiménez "el Pelé", mr.	** **	7.53
6.44	20.53	**5 Mar.** Stos. Ángel de Sicilia, carmelita mr.; Teodoro, ob.; beato Salvio Huix, ob. mr. Sta. Crescenciana, mr.	0.06	8.40
6.42	20.54	**6 Miér.** El martirio de San Juan apóstol y evangelista, *ante Portam Latinam.* Sto. Domingo Savio. Sta. Benita, vg.	0.58	9.33
6.41	20.55	**7 Juev.** Stos. Eovaldo, Cuadrado y Sixto, mrs.; Benedicto II, papa. Sta. Gisela, reina.	1.42	10.33
6.40	20.56	**8 Vier.** El Patrocino de la B. Virgen María. *María Medianera de todas las Gracias. Nuestra Sra. de Pompeya. Nuestra Sra. del Toro en Menorca.* Stos. Acacio y Víctor, mrs.; Bonifacio IV, papa; Eladio, ob. *La aparición de San Miguel Arcángel en el Gárgano.*	2.18	11.37
6.39	20.57	**9 Sáb.** Stos. Geroncio, ob. mr.; Gregorio de Berrueza, ob.; Hermas, confesor; Pacomio, abad. Sta. Casilda, vg.; Catalina de Bolonia, rel. *Nuestra. Sra. de los Desamparados.* 🌗 **CUARTO MENGUANTE** *a 11 h 10 min de la noche en Acuario. Sol.*	2.49	12.43
6.38	20.58	**10 Domingo** *VI de Pascua.* San Juan de Ávila, pbro. y dr.; Job, profeta; Antonino de Florencia, ob. Beata Beatriz, vg.	3.15	13.48
6.37	20.59	**11 Lun.** (✠ *en Lérida*) Stos. **Anastasio, mr.**; Mamerto, ob. mr.; Ignacio de Láconi, capuchino; **Ponce** (cat. Ponç), **ob. mr.**, patrón de los herbolarios y apicultores.	3.38	14.56
6.36	21.00	**12 Mar.** Stos. Pancracio, mr.; Aquileo y Nereo, mrs.; Domingo de la Calzada; Leopoldo de Castelnuovo. Sta. Domitila, vg. mr.	3.59	16.05
6.35	21.01	**13 Miér.** Stos. Mucio (cat. Muç o Muci) mr.; Pedro Regalado, franciscano. Beata Imelda Lambertini, vg. *Nuestra Sra. del Rosario de Fátima.*	4.22	17.16
6.34	21.02	**14 Juev.** (*Día de la Ascensión*, se celebra el 17 de mayo). Stos. **Matías, apóstol**; Bonifacio, mr. Sta. Gemma Galgani, vg.	4.46	18.30
6.33	21.03	**15 Vier.** Stos. **Isidro, labrador**, patrón de los agricultores; Torcuato y Eufrasio obs. mrs. Sta. Juana de Lestonnac, fund.	5.12	19.50

El rocín, a la crin,
y el asno, al rabo.

―――――― ❧ ――――――

Toro y gallo, y trucha y barbo,
todo en mayo.

Sale	Se pone	**MAYO** Mes consagrado a María, Madre del Bello Amor 	Sale	Se pone
6.32	21.04	**16 Sáb.** Stos. Honorato, ob.; Simón Stock, carmelita. Sta. Margarita de Cortona, penitente. 🌑 **LUNA NUEVA** *a 10 h 1 min de la noche en Tauro.* *Lluvias dispersas.*	5.46	21.13
6.31	21.05	**17 Domingo** LA ASCENSIÓN DEL SEÑOR. Stos. Pascual Bailón, franciscano; Aquilino, mr. Sta. Restituta, vg. mr.	6.28	22.34
6.30	21.06	**18 Lun.** Stos. Juan I, papa mr.; Venancio, mr.; Próspero, ob.; Félix de Cantalicio, capuchino.	7.22	23.46
6.29	21.07	**19 Mar.** Stos. Ivo (cat. Iu), pbro.; Pedro Celestino, papa; Francisco Coll, dominico fund.; Crispín de Viterbo, capuchino. Sta. Ciríaca, vg. mr.	8.29	** **
6.28	21.08	**20 Miér.** Stos. Bernardino de Siena, franciscano; Baudilio (cat. Boi), mr. Sta. Basilia, vg. ☀ **SOL EN GÉMINIS** *a las 2 h 59 min de la tarde.*	9.44	0.45
6.27	21.09	**21 Juev.** Stos. Secundino, mr.; Valiente, ob., mr. Sta. Virginia, vda.	11.02	1.30
6.26	21.10	**22 Vier.** Stas. Joaquina de Vedruna, fund.; Rita de Casia, agustina; Quiteria y Julia, vgs. mrs. Stos. Atón y Marciano, obs.	12.17	2.05
6.26	21.11	**23 Sáb.** Stos. Desiderio y Mercurial, obs.; Juan Bta. de Rossi, pbro. fund.	13.29	2.32
		🌓 **CUARTO CRECIENTE** *a 1 h 11 min de la tarde en Virgo.* *Chubascos en el Norte. Temperaturas en ascenso.*		
6.25	21.12	**24 Domingo** PENTECOSTÉS - PASCUA GRANADA. Stos. Donaciano y Rogaciano, mrs.; Vicente de Lerins, pbro. Stas. Susana y Afra, mrs. *María Auxiliadora.*	14.37	2.56
6.24	21.13	**25 Lun.** *VI de Pascua.* Stos. Beda el Venerable, mje. y dr.; Urbano I, papa mr.; Gregorio VII, papa. Stas. María Magdalena de Pazzi, carmelita; Magdalena Sofía Barat, fund.	15.42	3.17
6.24	21.14	**26 Mar.** Stos. Felipe Neri, fund.; Eleuterio, papa mr.; Quadrado, discípulo de los Apóstoles, mr.; Zacarías, ob. mr.	16.46	3.36
6.23	21.14	**27 Miér.** Stos. Agustín de Canterbury, ob.; Julio, mr. Beato José Tous y Soler, capuchino fund.	17.50	3.58
6.22	21.15	**28 Juev.** Stos. Emilio, mr.; Germán de París, ob. *Fiesta de Jesucristo, Gran Sacerdote.*	18.54	4.20
6.22	21.16	**29 Vier.** Stos. Justo, ob. de Urgell; Pablo VI, papa; Sisino y Alejandro, mrs.; Maximino, ob.; Pedro Sans, dominico, ob. mr.	19.57	4.45
6.21	21.17	**30 Sáb.** San Fernando, rey. Beato Pere Tarrés, pbro. Sta. Juana de Arco, vg. mr.	21.00	5.16
6.21	21.18	**31 Domingo** LA SANTÍSIMA TRINIDAD. **La Visitación de la Virgen María.** Stos. Ponce, ob. mr. de Girona; Pascasio, diácono. Sta. Petronila, vg. 🌕 **LUNA LLENA** *a 10 h 45 min de la mañana en Sagitario.* *Alguna lluvia dispersa.*	22.00	5.52

JUNIO

Mes consagrado al Sagrado Corazón de Jesús

Sale	Se pone		Sale	Se pone
6.20	21.18	**1 Lun.** Stos. Justino, mr.; Ignacio (Iñigo de Oña), abad. Sta. Laura, vg.	22.53	6.36
6.20	21.19	**2 Mar.** Stos. Marcelino y Pedro, mrs.; Eugenio I, papa; Erasmo (o Elmo o Telmo), ob. mr.; Germán, Justo, Paulino y Sicio, mrs.; Sta. Blandina, mr.	23.40	7.28
6.19	21.20	**3 Miér.** Stos. Carlos Luanga y compañeros mrs. en Uganda; Isaac, mje. mr.; Juan Grande, rel. Stas. Clotilde, reina; Oliva, vg.	** **	8.26
6.19	21.20	**4 Juev.** (Fiesta del *Corpus*, se celebra el 7 de junio). Stos. Quirino, ob. mr.; Pedro Mártir o de Verona, dominico mr.; Francisco Caracciolo, fund. Stas. Noemí y Rut.	0.18	9.29
6.19	21.21	**5 Vier.** Stos. Bonifacio, ob. mr.; Doroteo, pbro. mr.; Nicanor y Zenai, mrs.	0.50	10.32
6.18	21.22	**6 Sáb.** Stos. Norberto, fund. premostratenses; Marcelino Champagnat, fund. maristas; Artemio, Cándida y Paulina, familia mr.	1.17	11.38
6.18	21.22	**7 Domingo** SOLEMNIDAD DEL CORPUS CHRISTI. San Roberto, abad; Vistremundo, mje. mr.	1.40	12.43
6.18	21.23	**8 Lun.** San Pedro de Amer, mercedario. Sta. Calíope, mr.	2.02	13.50
		☾ CUARTO MENGUANTE *a 12 h 1 min del mediodía en Piscis. Tiempo inestable. Nuboso.*		
6.18	21.24	**9 Mar.** Stos. Efrén, diácono y dr.; Primo y Feliciano, mrs. Sta. Pelagia, vg. mr.	2.24	14.57
6.18	21.24	**10 Miér.** Stos. Mauricio, abad; Asterio, ob.	2.45	16.08
6.17	21.25	**11 Juev.** Stos. **Bernabé, apóstol**; Parisio, mje. Stas. Alicia (o Adelaida) rel. cisterciense; María Rosa Molas, fund.	3.10	17.23
6.17	21.25	**12 Vier.** Stos. León III, papa; Onofre, anacoreta; Nabor y Nazario, mrs. Beata Yolanda (o Violante), rel.	3.40	18.43
6.17	21.26	**13 Sáb.** *El Inmaculado Corazón de María.* San Antonio de Padua, franciscano y dr. Sta. Aquilina, vg. mr.	4.16	20.04
6.17	21.26	**14 Domingo** *XI del tiempo ordinario.* Stos. Eliseo, profeta; Atanasio, Félix y Digna, mrs.	5.04	21.21
6.17	21.26	**15 Lun.** Stas. María Micaela del Santísimo Sacramento, fund.; Benilde, mr.; Germana Cousin, vg. Stos. Bernado Menton, pbro.; Landelino, abad.	6.05	22.28
		⊛ LUNA NUEVA *a 4 h 54 min de la madrugada en Géminis. Buen tiempo. Bastante calor.*		
6.17	21.27	**16 Mar.** Stos. Ferreol, pbro. mr.; Quirico (o Quirce) niño y Julita, su madre, mrs. Sta. Lutgarda.	7.18	23.20

AMETLLES
Vicens

VILAGRASSA

El fruit de la nostra terra

AMETLLES VICENS
Pd. Comas, 109
25330 Vilagrassa (Lleida)
Tel. 973 50 16 04

www.ametllesvicens.com

RRRR

44a Festa de la Ratafia
Santa Coloma de Farners

6 — 9 / nov. / 2025
ratafia.cat

Ajuntament de
Santa Coloma
de Farners

CONFRARIA
RATAFIA
SANTA COLOMA DE FARNERS

2026

Enero

L	M	M	J	V	S	D
			1	2	3	4
5	6	7	8	9	10	11
12	13	14	15	16	17	18
19	20	21	22	23	24	25
26	27	28	29	30	31	

Febrero

L	M	M	J	V	S	D
						1
2	3	4	5	6	7	8
9	10	11	12	13	14	15
16	17	18	19	20	21	22
23	24	25	26	27	28	

Marzo

L	M	M	J	V	S	D
						1
2	3	4	5	6	7	8
9	10	11	12	13	14	15
16	17	18	19	20	21	22
23 30	24 31	25	26	27	28	29

Abril

L	M	M	J	V	S	D
		1	2	3	4	5
6	7	8	9	10	11	12
13	14	15	16	17	18	19
20	21	22	23	24	25	26
27	28	29	30			

Mayo

L	M	M	J	V	S	D
				1	2	3
4	5	6	7	8	9	10
11	12	13	14	15	16	17
18	19	20	21	22	23	24
25	26	27	28	29	30	31

Junio

L	M	M	J	V	S	D
1	2	3	4	5	6	7
8	9	10	11	12	13	14
15	16	17	18	19	20	21
22	23	24	25	26	27	28
29	30					

"Más vale un hoy que diez mañanas"

CALENDARI L'ERMITÀ

2026

Julio

L	M	M	J	V	S	D
		1	2	3	4	5
6	7	8	9	10	11	12
13	14	15	16	17	18	19
20	21	22	23	24	25	26
27	28	29	30	31		

Agosto

L	M	M	J	V	S	D
					1	2
3	4	5	6	7	8	9
10	11	12	13	14	15	16
17	18	19	20	21	22	23
24 31	25	26	27	28	29	30

Septiembre

L	M	M	J	V	S	D
	1	2	3	4	5	6
7	8	9	10	11	12	13
14	15	16	17	18	19	20
21	22	23	24	25	26	27
28	29	30				

Octubre

L	M	M	J	V	S	D
			1	2	3	4
5	6	7	8	9	10	11
12	13	14	15	16	17	18
19	20	21	22	23	24	25
26	27	28	29	30	31	

Noviembre

L	M	M	J	V	S	D
						1
2	3	4	5	6	7	8
9	10	11	12	13	14	15
16	17	18	19	20	21	22
23 30	24	25	26	27	28	29

Diciembre

L	M	M	J	V	S	D
	1	2	3	4	5	6
7	8	9	10	11	12	13
14	15	16	17	18	19	20
21	22	23	24	25	26	27
28	29	30	31			

"Con el tiempo y la paciencia se adquiere la ciencia"

CALENDARI L'ERMITÀ

LOS CARRETEROS
FELICITA A V. LAS
PASCUAS DE NAVIDAD

LA LECHERA
FELICITA A V. LAS
PASCUAS DE NAVIDAD

LOS MOZOS

DE LA CASA

R. BUXÓ LABORI

FELICITAN A V.

Las Pascuas de Navidad

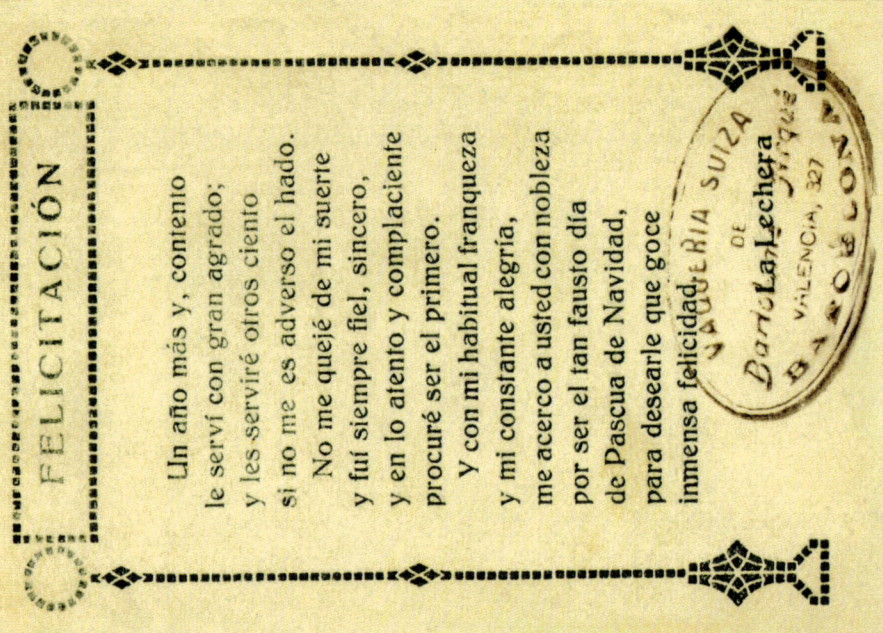

FELICITACIÓN

Un año más y, contento
le serví con gran agrado;
y les serviré otros ciento
si no me es adverso el hado.
No me quejé de mi suerte
y fuí siempre fiel, sincero,
y en lo atento y complaciente
procuré ser el primero.
Y con mi habitual franqueza
y mi constante alegría,
me acerco a usted con nobleza
por ser el tan fausto día
de Pascua de Navidad,
para desearle que goce
inmensa felicidad

Los pollos de enero van con su madre al gallinero;
los de San Juan, al muladar.

Alábate, asno,
que a vender te llevo.

Sale	Se pone	JUNIO Mes consagrado al Sagrado Corazón de Jesús	Sale	Se pone
6.17	21.27	**17 Miér.** Stos. Manuel, Sabel e Ismael, mrs.; Rainerio, confesor.	8.38	** **
6.17	21.28	**18 Juev.** Stos. Marcos y Marceliano, hermanos mrs.; Ciríaco y Paula, mrs. Stas. Marina, vg. mr.; Isabel vg. y Hosanna, vg.	9.58	0.02
6.18	21.28	**19 Vier.** Stos. Romualdo, abad fund.; Gervasio y Protasio, hermanos mrs.; Lamberto, mr. Stas. Juliana de Falconieri, servita; Aurora, vg. mr.	11.13	0.34
6.18	21.28	**20 Sáb.** Stos. Silverio, papa mr. Stas. Florentina, vg.; Elia, abadesa.	12.25	0.57
		☀ **SOL EN CÁNCER** (solsticio) *Empieza el* VERANO *a las 10 h 51 min de la noche.*		
6.18	21.28	**21 Domingo** *XII del tiempo ordinario.* Stos. Luís Gonzaga, jesuita; Ramón de Roda y Rodolfo, obs. Sta. Demetria, vg. mr.	13.32	1.21
		☽ **CUARTO CRECIENTE** *a 11 h 55 min de la noche en Libra.* *Tiempo seco y temperaturas suaves.*		
6.18	21.28	**22 Lun.** Stos. Paulino de Nola, ob.; Juan Fischer, cardenal y Tomás Moro, mrs.	14.38	1.42
6.18	21.29	**23 Mar.** Stos. Zenón y Zenas, mrs.; Jacob, patriarca; José Cafasso, pbro. Stas. Alicia, mr.; Agripina, vg. mr.	15.54	2.03
6.19	21.29	**24 Miér.** ✠ LA NATIVIDAD DE SAN JUAN BAUTISTA. San Simplicio, obispo.	16.46	2.24
6.19	21.29	**25 Juev.** Stos. Guillermo, ermitaño; Próspero de Aquitania, ob. Stas. Eva, rel.; Orosia, vg. mr.	17.50	2.49
6.19	21.29	**26 Vier.** Stos. Pelayo, niño mr.; Juan y Pablo, hermanos mrs.; Antelmo, cartujano; Josemaría Escrivá de Balaguer, fund. Sta. Perseveranda, vg.	18.53	3.18
6.20	21.29	**27 Sáb.** EL SAGRADO CORAZÓN DE JESÚS. Stos. Cirilo de Alejandría, ob. y dr.; Ladislao, rey; Rodolfo, abad.; Zoilo, mr. *Nuestra Sra. del Perpetuo Socorro.*	19.54	3.52
6.20	21.29	**28 Domingo** *XIII del tiempo ordinario.* Stos. Ireneo, ob. mr.; Pablo I papa; Argimiro, mje. mr. Sta. Marcela, mr.	20.49	4.35
6.21	21.29	**29 Lun.** SANTOS PEDRO Y PABLO, APÓSTOLES. San Ciro, obispo. Sta. Benedicta, vg.	21.38	5.23
6.21	21.29	**30 Mar.** Los protomártires de la santa Iglesia de Roma. San Marcial, ob. Sta. Emiliana, mr.	21.19	6.19
		☺ **LUNA LLENA** *a 1 h 57 min de la madrugada en Capricornio.* *Tiempo cálido. Tempestades aisladas en el Pirineo.*		

LEON

☀ **JULIO** 🌙

Sale Se pone   Mes consagrado a la Preciosísima Sangre   Sale Se pone

Sale	Se pone		Sale	Se pone
6.22	21.29	**1 Miér. La Preciosísima Sangre de N.S.J.C.** San Aarón. Sta. Leonor, mr.	22.53	7.22
6.22	21.28	**2 Juev.** Stos. Proceso y Martiriano, mrs.; Bernardino Realino y Francisco de Regis, jesuitas.	23.21	8.25
6.23	21.28	**3 Vier.** Stos. **Tomás, apóstol**; León II, papa; Eulogio y compañeros mrs.	23.46	9.31
6.23	21.28	**4 Sáb.** Stas. Isabel de Aragón, reina de Portugal; Berta, abadesa. Santos Laureano y Valentín de Berrio-Ochoa, obs. mrs.	** **	10.36
6.24	21.28	**5 Domingo** *XIV del tiempo ordinario.* Stos. Antonio María Zaccaria, fund.; Miguel de los Santos, trinitario. Sta. Filomena, vg.	0.07	11.41
6.24	21.28	**6 Lun.** Sta. María Goretti, vg. mr. Stos. Isaías, profeta; Rómulo, ob. mr. *Nuestra Señora de Atocha.*	0.28	12.46
6.25	21.27	**7 Mar.** Stos. **Oto (Odón), ob. de Urgell**; Fermín, ob. de Pamplona. Sta. Edilberga, vg.	0.49	13.54
		☾ **CUARTO MENGUANTE** *a 9 h 29 min de la noche en Aries. Soleado y mucho calor.*		
6.26	21.27	**8 Miér.** Stos. Adrián III, papa; Aquila y Priscila, esposos. Bto. Eugenio III, papa.	1.12	14.05
6.26	21.26	**9 Juev.** Stos. Cirilo, ob. mr.; Zenón, soldado mr. Sta. Anatolia, vg. mr.	1.38	16.21
6.27	21.26	**10 Vier.** Stos. Cristóbal, mr.; Marino, mr. Stas. Amelia, vda.; Rufina y Secunda, vgs. mrs.; Verónica Giuliani, capuchina estigmatizada. *Nuestra Señora de Atocha.*	2.09	17.38
6.28	21.26	**11 Sáb.** Stos. **Benito, abad, patrón de Europa**; Pío I, papa mr; Sta. Olga de Kiev, reina.	2.50	18.56
6.28	21.25	**12 Domingo** *XV del tiempo ordinario.* Stos. Nabor y Félix, mrs.; Juan Gualberto, abad fund. Stas. Marciana, vg. mr.; Epifana, mr.	3.44	20.07
6.29	21.25	**13 Lun.** Stos. Enrique, emperador; Anacleto, papa mr. Stas. Sara, abadesa; Teresa de Jesús de los Andes, carmelita.	4.51	21.07
6.30	21.24	**14 Mar.** Stos. Camilo de Lelis, fund.; Francisco Solano, franciscano. Sta. Adela, vda.	6.08	21.53
		✸ **LUNA NUEVA** *a 11 h 44 min de la mañana en Cáncer. Tempestades en las montañas.*		
6.31	21.23	**15 Miér.** Stos. Buenaventura, ob. franciscano y dr.; Antíoco, médico mr.; Pompilio Mª Pirrotti, escolapio.	7.29	22.29
6.32	21.23	**16 Juev. Nuestra Sra. del Carmen.**	8.49	22.58

Cuesta más el salmorejo
que el conejo.

———— ❧ ————

El burro delante,
para que no se espante.

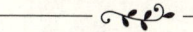

Sale	Se pone	**JULIO** Mes consagrado a la Preciosísima Sangre	Sale	Se pone
6.32	21.22	**17 Vier.** Stos. Alejo, confesor; León IV, papa. Stas. Justa y Rufina, mrs.; Marcelina, vg.	10.05	23.23
6.33	21.21	**18 Sáb.** San Federico, ob. mr. Stas. Marina, vg. mr.; Sinforosa y sus siete hijos mrs.	11.16	23.45
6.34	21.21	**19 Domingo** *XVI del tiempo ordinario.* Stos. Arsenio, diácono; Símaco, papa; Pedro de Cadireta, dominico; Stas. Áurea y Macrina, vgs. mrs.	12.24	** **
6.35	21.20	**20 Lun.** Stos. Elías, profeta; Apolinar, ob. mr. Pablo diácono, mr. Stas. Margarita y Liberata, vgs. mrs.	13.30	0.06
6.36	21.19	**21 Mar.** Stos. Lorenzo de Brindis, capuchino y dr.; Daniel, profeta; Víctor, soldado mr. Sta. Práxedes, vg.	14.36	0.27
		☽ **CUARTO CRECIENTE** *a 1 h 6 min de la tarde en Libra.* *Nuboso y algunas lluvias aisladas.*		
6.37	21.18	**22 Miér.** Sta. **María Magdalena, penitente**. Stos. Menelao, ob.; Teófilo, pretor romano y Platón, mrs.	15.41	0.52
		☀ **SOL EN LEO** *a las 7 h 44 min de la mañana.*		
6.38	21.17	**23 Juev.** Stas. Brígida de Suecia, fund.; Primitiva, vg. mr.; María, Gracia y Bernardo mrs. de Alcira.	16.44	1.19
6.39	21.17	**24 Vier.** Stos. Boris y Gleb, mrs. Sta. Cristina, vg. mr.	17.47	1.52
6.40	21.16	**25 Sáb.** ✠ SAN JAIME APÓSTOL (Santiago), patrón de España. San Teodomiro, mje. mr. Sta. Valentina, vg. mr.	18.44	2.30
6.41	21.15	**26 Domingo** *XVII del tiempo ordinario.* San Joaquín y Sta. Ana, padres de la SSma. Virgen. Sta. Exuperia, mr.	19.35	3.17
6.42	21.14	**27 Lun.** Stos. Cucufate (cat. Cugat), mr.; Aurelio y compañeros, mrs.; Celestino I, papa mr.; Pantaleón, médico mr. Stas. Natalia, mr.; Juliana y Semproniana, vgs. mrs.	20.18	4.12
6.43	21.13	**28 Mar.** Stos. Nazario y Celso, mrs.; Víctor I, papa, mr. Sta. Catalina Thomás, agustina.	20.54	5.12
6.43	21.12	**29 Miér.** Stas. Marta de Betania; Serafina, vg. Stos. Olaf, rey mr.; Próspero, ob.; Adán, primer hombre.	21.25	6.16
		☺ **LUNA LLENA** *a 4 h 36 min de la tarde en Acuario.* *Canícula.*		
6.44	21.11	**30 Juev.** Stos. Pedro Crisólogo, ob. y dr; Abdón y Senén (Nin y Non), mrs., patronos de los hortelanos.	21.50	7.21
6.45	21.10	**31 Vier.** Stos. Ignacio de Loyola, fund.; Juan Colombini, rel.; Fabio, mr.; Germán, ob.	22.13	8.27

AGOSTO

Sale Se pone

Mes consagrado al Purísimo Corazón de María

Sale Se pone

6.46	21.08	**I Sáb.** Stos. Pedro ad vincula; Alfonso M. de Liguorio, ob. fund. y dr.; Félix Africano (cat. Feliu), mr., en Gerona. Stas. Fe, Esperanza y Caridad, vgs. mrs.	22.33	9.33
6.47	21.07	**2 Domingo** *XVIII del tiempo ordinario*. Stos. Eusebio de Vercelli, ob.; Esteban I, papa mr.; Pedro Julián Eymard, pbro. *Nuestra Sra. de los Ángeles o de la Porciúncula.*	22.55	10.39
6.48	21.06	**3 Lun.** Stos. Gamaliel y Nicodemo; Gustavo (Augusto), ob. Stas. Lídia, discípula de San Pablo; Cira, vg. Bta. Juana de Aza.	23.16	11.44
6.49	21.05	**4 Mar.** Stos. Juan M. Vianney, pbro.; Aristarco, ob. m.	23.40	12.50
6.50	21.04	**5 Miér.** Dedicación de la basílica de Sta. María la Mayor, en Roma. San Osvaldo, rey. Sta. Afra, mr. *Nuestra Sra. de las Nieves. La Virgen Blanca. Nuestra Sra. de Ibiza, del Vinyet, de África.*	** **	14.07
6.51	21.03	**6 Juev.** La Transfiguración del Señor (popularmente *San Salvador*). Stos. Justo y Pastor, hermanos mrs. en Alcalá de Henares.	0.09	15.23

> ☽ **CUARTO MENGUANTE** *a 4 h 21 min de la madrugada en Tauro. Calma, calor moderado.*

6.52	21.01	**7 Vier.** Stos. Sixto II, papa y compañeros mrs.; Cayetano, fund.; Alberto de Sicilia, carmelita.	0.46	16.39
6.53	21.00	**8 Sáb.** Stos. Domingo de Guzmán, fund. de los dominicos; Ciríaco, Largo, Esmaragdo, mrs.	1.32	17.51
6.54	20.59	**9 Domingo** *XIX del tiempo ordinario*. Sta. Teresa-Benedicita de la Cruz (Edith Stein), vg. mr. Stos. Román, soldado mr.; Domiciano, ob.	2.32	18.53
6.55	20.58	**10 Lun.** San Lorenzo, diácono mr.; Stas. Asteria, vg. mr; Filomena, vg. y mr.	3.43	19.44
6.56	20.56	**11 Mar.** Sta. Clara de Asís, vg. fund. Stos. Tiburcio y Susana, mrs.; Rufino, obispo mr.	5.02	20.24
6.57	20.55	**12 Miér.** Stos. Herculiano, ob.; Aniceto, mr. Stas. Hilaria, mr.; Juana Francisca de Chantal, fund.	6.22	20.56

> ☷ **LUNA NUEVA** *a 7 h 37 min de la tarde en Leo. Sol. Noches frescas en la montaña.*
>
> ☀ *Eclipse total de sol.*

6.58	20.53	**13 Juev.** Stos. Hipólito, mr. y Ponciano, papa mr. Casiano, maestro mr.; Stas. Aurora, vg. mr.; Concordia, mr.	7.39	21.22
6.59	20.52	**14 Vier.** Stos. Maximiliano-María Kolbe, franciscano conventual mr.; Eusebio, pbro.; Calixto, ob. mr.	8.53	21.46
7.00	20.51	**15 Sáb.** ✠ **LA ASUNCIÓN DE NUESTRA SEÑORA**. San Tarcisio, acólito mr.	10.04	22.08

La cabra de mi vecina
da más leche que la mía.

───────── ❧ ─────────

Al ojo del amo,
engorda el caballo.

		AGOSTO	☽	
Sale	*Se pone*	Mes consagrado al Purísimo Corazón de María	*Sale*	*Se pone*
7.01	20.49	**16 Domingo** *XX del tiempo ordinario*. Stos. **Roque de Montpeller, confesor**; Esteban, rey de Hungría. Sta. Serena, emperatriz.	11.13	22.30
7.02	20.48	**17 Lun.** Stos. Jacinto de Polonia, dominico; Mamerto, pastor mr.; Isaac, patriarca. Stas. Beatriz de Silva, fund.; Clara de Montefalco, rel.	12.21	22.53
7.03	20.46	**18 Mar.** Sta. Helena, emperatriz. Stos. Patricio, ob.; Agapito, niño mr.; Serapión, mr.	13.27	23.19
7.04	20.45	**19 Miér.** Stos. Juan Eudes, pbro. fund.; Luís de Anjou, ob. de Tolosa; Magín, ermitaño mr.	14.32	23.50
7.05	20.43	**20 Juev.** Stos. Bernardo de Claraval, abad cisterciense y dr.; Cristóbal y Leovigildo, mrs.; Samuel, profeta.	15.36	23.26
7.06	20.42	**21 Vier.** Stos. Pío X, papa; Bonoso y Maximiano, mrs.; Privato, ob. mr. Sta. Ciríaca, vda. mr.	16.35	** **
		☽ **CUARTO CRECIENTE** *a 4 h 46 min de la mañana en Escorpio. Sol y temperaturas máximas. Bochorno.*		
7.07	20.40	**22 Sáb. Santa María Madre de Dios, Reina**. Stos. Hipólito, ob. mr.; Fabriciano, mr.	17.29	1.11
7.08	20.39	**23 Domingo** *XXI del tiempo ordinario*. Stas. Rosa de Lima, vg. San Zaqueo, ob.	18.15	2.02
		☀ **SOL EN VIRGO** *a las 4 h 55 min de la tarde.*		
7.09	20.37	**24 Lun.** Stos. **Bartolomé, apóstol**; Patricio, abad. Stas. Áurea, vg. mr.; Emilia de Vialar, vg.	18.54	3.01
7.10	20.36	**25 Mar.** Stos. José de Calasanz, fund.; Luís IX rey de Francia; Ginés de Arles, mr. Sta. Patricia, vg.	19.26	4.04
7.11	20.34	**26 Miér.** Sta. Teresa de Jesús Jornet, fund. Stos. Ceferino papa mr.; Cesario de Arles, ob.; Junípero Serra, misionero.	19.53	5.09
7.12	20.33	**27 Juev.** Sta. Mónica, madre de San Agustín y patrona de las madres cristianas.	20.17	6.16
7.13	20.31	**28 Vier.** Stos. Agustín, ob. y dr.; Julián y Pelayo, mrs.	20.39	7.23
7.14	20.29	**29 Sáb. El martirio de San Juan Bautista.** Sta. Sabina, mr.	21.00	8.29
		☺ **LUNA LLENA** *a 6 h 19 min de la mañana en Piscis. Eclipse parcial de Luna. Algunas tempestades. Bajada de temperaturas.*		
7.15	20.28	**30 Domingo** *XXII del tiempo ordinario*. Stos. Félix y Adaucto, mrs.; Stas. Gaudencia, vg. mr.; Juana Jugan, fund. *Ntra. Sra. de la Fuente de la Salud*.	21.21	9.36
7.16	20.26	**31 Lun.** San **Ramón Nonato, mercedario**, patrón de Cardona. Stas. Rufina y Ammia, mrs.	21.45	10.46

LIBRA

SEPTIEMBRE

Sale	Se pone		Sale	Se pone

Mes consagrado al Arcángel San Miguel

7.17	20.24	**1 Mar.** Stos. Licerio (cat. Lleïr), ob.; Gil, abad; Lope (Lupo), ob. Sta. Ana, profetisa. DÍA MUNDIAL DE LA ECOLOGÍA	22.13	11.58
7.18	20.23	**2 Miér.** Stos. Antolín, mr.; Elpidio, abad. Stas. Raquel; Íngrid, rel.	22.46	13.13
7.19	20.21	**3 Juev.** Stos. Gregorio el Magno, papa y dr.; Sandalio, mr.; Simeón Estilita, mje. Sta. Basilisa, vg. mr.	23.28	14.27
7.20	20.19	**4 Vier.** Stos. Moisés, legislador y profeta; Bonifacio I, papa. Stas. Rosalía de Palermo, vg.; Rosa de Viterbo, vg. *Nuestra Sra. de la Consolación (o de la Correa).*	** **	15.40

        CUARTO MENGUANTE *a 9 h 51 min de la mañana en Géminis.* Despejado. Temperaturas suaves.

7.21	20.18	**5 Sáb.** Stos. Lorenzo Justiniano, ob.; Victorino, ob. mr. Sta. Obdulia, vg.; Teresa de Calcuta, fund. *Nuestra Sra. de la Cinta.*	0.23	16.45
7.22	20.16	**6 Domingo** *XXIII del tiempo ordinario.* Stos. Eleuterio, abad; Onesiforo, mr.; Petronio, ob.; Zacarías, profeta.	1.28	17.39
7.23	20.14	**7 Lun.** Stos. Evorcio y Augustal, obs. Stas. Regina, vg. mr.; Judit.	2.43	18.21
7.24	20.13	**8 Mar.** LA NATIVIDAD DE NUESTRA SRA. Festividad de las Vírgenes Halladas: *Nuestra Sra. del Camino, de Covadonga, de Meritxell (patrona de los Valles de Andorra), de Montserrat, de Núria, de Queralt, etc.* Stos. Adrián y Néstor, mrs.; Sergio I, papa; Sta. Adela, rel.	4.00	18.55
7.25	20.11	**9 Miér.** Stos. Pedro Claver, misionero jesuita; Gorgonio, mr. *Nuestra Sra. del Claustro*, en Solsona. *Nuestra Sra. de Arántzazu*, en Guipúzcoa.	5.17	19.23
7.26	20.09	**10 Juev.** San Nicolás Tolentino, rel. Agustino. Beatos Domingo Castellet, Luís Eixarc y Jacinto Orfanell, dominicos mrs.	6.32	19.48
7.27	20.08	**11 Vier.** Stos. Proto y Jacinto, hermanos mrs. Beato Buenaventura Gran, franciscano. Sta. Teodora, penitente. DIADA NACIONAL DE CATALUÑA	7.44	20.10

        LUNA NUEVA *a 5 h 27 min de la madrugada en Virgo.* Variable. Calor.

7.28	20.06	**12 Sáb. El Santísimo Nombre de María** (Dulce, Míriam, Mireia); *Nuestra Sra. de Lluc; Nuestra Sra. de Estíbaliz; Sta. María de Valvanera, de la Fuensanta, etc.* San Guido, peregrino confesor. Beato Miró de Tagamanent.	8.53	20.31
7.30	20.04	**13 Domingo** *XXIV del tiempo ordinario.* Stos. Juan Crisóstomo, ob. y dr.; Amado, abad y ob.; Ligorio y Felipe mrs. *Ntra. Sra. de la Abellera*, patrona de los apicultores.	10.01	20.54
7.31	20.03	**14 Lun.** LA EXALTACIÓN DE LA SANTA CRUZ. San Crescencio, niño mr. Sta. Rósula, mr.	11.09	21.20
7.32	20.01	**15 Mar. Los Dolores de Nuestra Sra.** (Soledad, Lola, María de la Cruz), Stos. Nicomedes, pbro. mr.; Albino, ob. Sta. Catalina de Génova.	12.16	21.48

Por Santiago, esconde el conejo el rabo;
y por San Miguel, se le vuelve a ver.

Vaca de muchos,
bien ordeñada y mal alimentada.

☀️ Sale	Se pone	**SEPTIEMBRE** Mes consagrado al Arcángel San Miguel	🌙 Sale	Se pone
7.33	19.59	**16 Miér.** Stos. Cornelio, papa mr. y Cipriano, ob. mr.; Stas. Eufemia, vg. mr.; Edita, princesa vg.; Ludmila, mr.	13.21	22.23
7.34	19.57	**17 Juev.** Stos. Roberto Belarmino, jesuita y dr.; Pedro de Arbués, pbro. mr. Stas. Coloma, vg. mr.; Hildegarda, rel. y dra. *La impresión de las Llagas de San Francisco de Asís.*	14.24	23.04
7.35	19.56	**18 Vier.** Stos. José de Cupertino, franciscano conventual; Ferreol, mr. Stas. Irene y Sofía, mrs.	15.20	23.53
		🌓 **CUARTO CRECIENTE** *a 10 h 44 min de la noche en Sagitario.* *Despejado y calor moderado.*		
7.36	19.54	**19 Sáb.** Sta. **María de Cervelló** (o *de Socors*), **rel. mercedaria.** Stos. Jenaro y Nilo, obs. mrs.	16.09	** **
7.37	19.52	**20 Domingo** *XXV del tiempo ordinario.* Stos. Andrés Kim, pbro. y Pablo Chong, mrs. en Corea; Eustaquio, mr. Stas. Cándida, vg. mr.; Felipa, mr.	16.51	0.49
7.38	19.50	**21 Lun.** Stos. **Mateo, apóstol y evangelista**; Jonás, profeta; Pánfilo, mr. Sta. Ifigenia.	17.25	1.51
7.39	19.49	**22 Mar.** Stos. Mauricio y compañeros, mrs.; Félix IV, papa. Sta. Digna, vg. mr.	18.54	2.54
		☀️ **SOL EN LIBRA** (equinoccio) Empieza el Oтоño a las 2 h 43 min de la tarde.		
7.40	19.47	**23 Miér.** (✠ *en Tarragona*) SANTA TECLA, vg. mr., patrona de la ciudad de Tarragona. Sta. Sira, vg. Stos. Lino, papa mr.; Pío de Pietrelcina, capuchino estigmatizado.	18.20	4.00
7.41	19.45	**24 Juev.** (✠ *en Barcelona*) NUESTRA SRA. DE LA MERCED, patrona de la ciudad y del arzobispado de Barcelona. Stos. Gerardo, ob. mr.; Andoquio, pbro. mr.; Tirso, diácono mr.	18.42	5.07
7.42	19.44	**25 Vier.** Stos. Dalmacio Moner, dominico; Cleofás, mr.; Stas. Aurelia y Neomisia, vgs. *Nuestra Sra. de Misericordia* en Reus.	19.04	6.13
7.43	19.42	**26 Sáb.** Stos. Cosme y Damián, hermanos mrs.; Nilo, abad. San Cebrián y Sta. Justina, mrs.	19.26	7.22
		🌕 **LUNA LLENA** *a 6 h 49 min de la tarde en Aries (Luna de cosecha).* *Nublado. Bajada de temperaturas.*		
7.44	19.40	**27 Domingo** *XXVI del tiempo ordinario.* Stos. Vicente de Paúl, pbro. fund.; Adolfo y Juan, hermanos mrs.; Cayo, ob.	19.49	8.32
7.45	19.38	**28 Lun.** Stos. Wenceslao, duque mr.; Exuperio y Salomón, obs.; Heliodoro, mr.; Fausto, ob. (o Fost). Sta. Eustoquio, vg.	20.16	9.45
7.46	19.37	**29 Mar.** Los Santos Arcángeles Miguel, Gabriel y Rafael. San Fraterno, ob. mr. Sta. Gudelia, mr.	20.47	10.00
7.47	19.35	**30 Miér.** Stos. Jerónimo pbro. y dr.; Gregorio y Honorio, obs. Sta. Sofía, vda.	21.27	12.16

ESCORPION

OCTUBRE

☀ Sale Se pone

Mes consagrado a la Nuestra Sra. del Rosario

☾ Sale Se pone

Sale	Se pone		Sale	Se pone
7.48	19.33	**1 Juev.** Sta. Teresa del Niño Jesús (Teresita), carmelita y dra. San Remigio, ob.	22.19	13.31
7.49	19.32	**2 Vier.** Los Santos Ángeles Custodios. Beato Berenguer de Peralta, ob. *Nuestra Sra. de la Academia*, patrona de la ciudad de Lérida.	23.21	14.39
7.50	19.30	**3 Sáb.** Stos. Francisco de Borja, pbro. jesuita; Gerardo, abad; Dionisio Areopagita, mr.	** **	15.35
		☾ **CUARTO MENGUANTE** *a 3 h 25 min de la tarde en Cáncer. Soleado.*		
7.51	19.28	**4 Domingo** *XXVII del tiempo ordinario.* Stos. Francisco de Asís, diácono y fund.; Petronio, obispo; Marcos y Marciano, hermanos mrs. Sta. Áurea, vg.	0.31	16.20
7.52	19.27	**5 Lun.** Stos. Plácido, mje.; Froilán y Atilano, obs. Stas. Gala, vda.; Faustina Kowalska, rel. *Témporas de petición y acción de gracias.*	1.47	16.57
7.53	19.25	**6 Mar.** Stos. Bruno, fund. de la cartuja; Casto y Emilio, mrs. Sta. Fe, vg. mr.; María Francisca de las Cinco Llagas.	3.03	17.26
7.54	19.23	**7 Miér. NUESTRA SRA. DEL ROSARIO**. Stos. Sergio y Baco, Marco y Apuleyo, mrs.	4.17	17.50
7.55	19.22	**8 Juev.** Stos. Simeón, profeta; Néstor, mr.; Stas. Reparada y Benedicta, vgs. mrs.; Lorenza, mr.; Pelagia, penitente.	5.27	18.12
7.56	19.20	**9 Vier.** Stos. Dionisio, ob. mr. de París; Juan Leonardi, fund.; Rústico y Eleuterio, mrs.; Luís Bertrán, dominico; Abraham, patriarca y su esposa Sta. Sara.	6.36	18.34
7.57	19.18	**10 Sáb.** Stos. Tomás de Villanueva ob.; Daniel y compañeros mártires en Ceuta. San Eulampio y Sta. Eulampia, mrs.	7.44	18.57
		⊛ **LUNA NUEVA** *a 5 h 50 min de la tarde en Libra. Chaparrones y tormentas.*		
7.59	19.17	**11 Domingo** *XXVIII del tiempo ordinario.* Sta. Placidia, vg. Stos. Germán, ob. mr.; Juan XXIII, papa. *Nuestra Señora de Begoña. Nuestra Sra. del Remedio.*	8.52	19.21
8.00	19.15	**12 Lun. NUESTRA SRA. DEL PILAR**. San Serafín de Montegranario, capuchino. Sta. Domnina, vg. mr.	9.59	19.48
8.01	19.14	**13 Mar.** Stos. Eduardo, rey; Jenaro, Marcial y Florencio, mrs. Sta. Celedonia, vg.	11.06	20.21
8.02	19.12	**14 Miér.** Stos. Calixto I, papa mr.; Evaristo, mr.; Justo, ob. Sta. Fortunata vg. mr.	12.10	20.59
8.03	19.11	**15 Juev.** Sta. Teresa de Jesús, carmelita y dra. San Antíoco, ob.	13.09	21.45
8.04	19.09	**16 Vier.** Stos. **Galderico**, patrono de los agricultores catalanes; Galo, abad. Stas. Eduvigis (Hedvig), rel.; Margarita M. Alacoque, salesa.	14.01	22.38

Al más ruin puerco, la mejor bellota.

Si en octubre sientes frío, a tus animales da abrigo.

OCTUBRE

Mes consagrado a la Nuestra Sra. del Rosario

- 1 h.

Sale	Se pone		Sale	Se pone
8.05	19.07	**17 Sáb.** Stos. Ignacio de Antioquía, ob. mr.; Florencio, ob.; Víctor, mr. Beato Rodolfo, mje.	14.46	23.38
8.06	19.06	**18 Domingo** Stos. **Lucas, evangelista**; Justo, niño mr. Sta. Trifonia, emperatriz.	15.23	** **
		☽ **CUARTO CRECIENTE** *a 6 h 13 min de la tarde en Capricornio.* Tiempo borrascoso.		
8.07	19.04	**19 Lun.** *XXIX del tiempo ordinario.* Stos. Pablo de la Cruz, pbro. fund.; Pedro de Alcántara, franciscano; Sta. Laura, vda. *Nuestra Sra. de la Bonanova.*	15.54	0.40
8.09	19.03	**20 Mar.** Stos. Cornelio, centurión; Andrés de Creta, mje.; Artemio, militar mr. Sta. Irene vg. mr.	16.20	1.44
8.10	19.01	**21 Miér.** Stos. Hilarión, abad; Cayo, soldado mr.; Viátor, conf. Stas. Celina, Grisela, Úrsula y compañeras mártires.	16.43	2.49
8.11	19.00	**22 Juev.** Stos. Juan Pablo II, papa; Heraclio, soldado mr. Stas. Alodia y Nunilona, vgs. mrs.; María de Salomé.	17.06	3.54
8.12	18.59	**23 Vier.** Stos. Juan de Capistrano, franciscano; Servando y Germán, mrs. en Cádiz.		
		☀ **SOL EN ESCORPIÓN** *a las 10 h 14 min de la noche.*	17.27	4.02
8.13	18.57	**24 Sáb.** Stos. **Antonio Mª Claret, ob. fund.**; Aretas y compañeros, mrs.; Martirián, mr., patrono de Banyoles.	17.49	6.11
7.14	17.56	**25 Domingo** *XXX del tiempo ordinario.* Stos. Bernardo Calbó, ob.; Crisanto y Daría, esposos mrs.; Crispín y Crispiniano, mrs. *Nuestra Señora del Collell.*	17.15	6.22
7.16	17.54	**26 Lun.** Stos. Evaristo, papa mr.; Luciano y Marciano, mrs.; Rústico, ob.; Viril, abad de Leyre.	17.45	7.38
		☺ **LUNA LLENA** *a 5 h 12 min de la mañana en Tauro.* Despejado y seco.		
7.17	17.53	**27 Mar.** Stos. Frumencio, mr.; Gaudioso, ob.; Vicente, Sabina y Cristeta, mrs.	18.24	8.57
7.18	17.52	**28 Miér.** Stos. **Simón Cananeo y Judas Tadeo, apóstoles.** Sta. Cirila vg. mr.	19.12	10.15
7.19	17.50	**29 Juev.** (✠ *en Gerona*) San NARCISO, ob. mr., patrón de la ciudad de Gerona; Stos. Maximiliano, ob. mr.; Sta. Eusebia, vg. mr.	20.12	11.28
7.20	17.49	**30 Vier.** Stos. Marcelo, centurión y sus hijos Claudio, Lupercio y Victorico, mrs. Beato Angel de Acri, capuchino. Sta. Zenobia, mr.	21.22	12.30
7.21	17.48	**31 Sáb.** Stos. Alfonso Rodríguez, jesuita; Quintín, mr.; Wolfgango, ob. Sta. Lucila, vg. mr.	22.38	13.19

SAGITARIO

NOVIEMBRE

☀ Sale Se pone

Mes consagrado a las benditas Almas del Purgatorio

☽ Sale Se pone

Sale	Se pone		Sale	Se pone
7.23	17.47	**1 Domingo** *XXXI del tiempo ordinario.* **SOLEMNIDAD DE TODOS LOS SANTOS**. Stos. Vigor, Licinio, Idacio y Nundario obs.; Bto. Rainerio de Arezzo, franciscano. ☽ **CUARTO MENGUANTE** *a 9 h 28 min de la noche en Leo. Lluvias y nevadas en las cumbres.*	23.54	13.58
7.24	17.45	**2 Lun.** Conmemoración de los todos los Fieles Difuntos. San Victorino, ob. mr.	** **	14.29
7.25	17.44	**3 Mar.** Stos. Martín Porres, dominico; Ermengol, ob. de Urgell; Nonnit, ob. de Girona; Huberto, ob.; Pedro Almató, dominico mr. Sta. Silvia. *Los innumerables mártires de Zaragoza.*	1.07	14.54
7.26	17.43	**4 Miér.** Stos. Carlos Borromeo, cardenal arzobispo; Félix de Valois, pbro. fund.; Agrícola y Vidal, mrs. Sta. Modesta, vg.	2.18	15.17
7.27	17.42	**5 Juev.** Stos. Zacarías e Isabel (Elisabet), padres de San Juan Bta.; Magno, ob. Sta. Bertila, abadesa.	3.26	15.39
7.29	17.41	**6 Vier.** Los Santos y beatos mártires del siglo xx en España. Stos. Severo, ob. de Barcelona, mr.; Leonardo de Noblac, anacoreta.	4.33	16.00
7.30	17.40	**7 Sáb.** Stos. Ernesto y Herculano, obs. mrs.; Florencio, obispo de Estrasburgo. Beato Francisco de Jesús-María-José Palau y Quer, carmelita fund. Sta. Carina, vg. mr.	5.39	16.23
7.31	17.38	**8 Domingo** *XXXII del tiempo ordinario.* Los cuatro santos coronados: Severo, Severiano, Carpóforo y Victorino, mrs. Beato Juan Duns Escoto, franciscano y dr.	6.46	16.50
7.32	17.37	**9 Lun.** La dedicación de la Basílica de San Juan de Letrán en Roma. Stos. Teodoro, soldado mr.; Orestes, mr.; *Fiesta del Santo Cristo de Balaguer y de Santa María la Real de la Almudena.* 🌑 **LUNA NUEVA** *a 8 h 2 min de la mañana en Escorpión. Cielo velado. Bajada de temperaturas*	7.52	17.20
7.34	17.36	**10 Mar.** Stos. León el Magno, papa y dr.; Andrés Avelino, teatino; Tiberio, mr. *La Virgen de Loreto.*	8.57	18.56
7.35	17.35	**11 Miér.** Stos. Martín de Tours, ob.; Menna, soldado mr.; Verano, ob.	9.58	18.40
7.36	17.34	**12 Juev.** Stos. Josafat, ob. mr.; Emiliano (Millán de la Cogolla), eremita; Nilo, abad.	10.53	19.30
7.37	17.34	**13 Vier.** Stos. Leandro de Sevilla, ob; Homobono, penitente de Cremona; Diego de Alcalá, franciscano; Estanislao de Kostka, jesuita.	11.41	20.27
7.38	17.33	**14 Sáb.** San Serapión (o Serapio), protomártir mercedario; Sta. Veneranda, vg. mr.	12.20	21.28
7.40	17.32	**15 Domingo** *XXXIII del tiempo ordinario.* Stos. Alberto el Magno, ob. dominico y dr.; Eugenio de Toledo, ob. mr.; Leopoldo, patrón de Austria.	12.53	22.31

*A cada cerdo
le llega su San Martín.*

———— ❧ ————

**Por Santa Catalina,
mata tu cochina.**

☀		**NOVIEMBRE**	🌙	
Sale	*Se pone*	Mes consagrado a las benditas Almas del Purgatorio	*Sale*	*Se pone*
7.41	17.31	**16 Lun.** Stas. Margarita de Escocia, reina; Gertrudis la Magna, rel. San Edmundo, ob.	13.20	23.35
7.42	17.30	**17 Mar.** Stas. Isabel de Hungría, reina; Hilda, abadesa. Stos. Alfeo y Zaqueo, mrs.; Gregorio Taumaturgo, ob.; San Acisclo y Sta. Victoria, hermanos mrs.	13.45	** **
		☽ **CUARTO CRECIENTE** *a 12 h 48 min de la tarde en Acuario. Chubascos.*		
7.43	17.29	**18 Miér.** La dedicación de la Catedral de Barcelona y de las Basílicas de San Pedro y San Pablo en Roma. Stos. Aurelio, ob. mr.; Odón (Ot), abad; Román, mr.	14.06	0.39
7.44	17.29	**19 Juev.** Stos. Abdias, profeta; Crispín, ob. mr.; Fausto (Fost), diácono mr.; Ponciano, mr. Sta. Matilde Hackeborn, rel.	14.27	1.43
7.45	17.28	**20 Vier.** Stos. Octavio y Adventor, soldados mrs.; Solútor, mr.; Benigno, ob. mr.	14.49	2.49
7.47	17.27	**21 Sáb.** Stos. Gelasio I, papa; Honorio, mr. *La presentación de Nuestra Sra. en el templo.*	15.13	3.58
		☀ **SOL EN SAGITARIO** *a las 8 h 56 min de la tarde.*		
7.48	17.27	**22 Domingo** LA SOLEMNIDAD DE JESUCRISTO REY. Sta. Cecilia, vg. mr. Stos. Filemón y Apia, esposos discípulos de Pablo, mrs.	15.41	5.11
7.49	17.26	**23 Lun.** Stos. Clemente I, papa mr.; Columbano, abad. Stas. Lucrecia, vg. mr.; Felicidad, mr.	16.15	6.28
7.50	17.25	**24 Mar.** Stos. Andrés Dung-Lac pbro. y compañeros mrs. en Vietnam; Crisógono y Crescenciano, mrs. Stas. Fermina, vg. mr; Flora y María, vgs. mrs.	16.59	7.48
		☺ **LUNA LLENA** *a 3 h 54 min de la tarde en Géminis. Despejado. Frío.*		
7.51	17.25	**25 Miér.** Sta. Catalina de Alejandría, vg. mr. Stos. **Erasmo (cat. Erm o Elm), mr.; Gonzalo, ob.**	17.55	9.06
7.52	17.24	**26 Juev.** Stos. Leonardo de Porto Maurizio, franciscano; Conrado, ob.; Juan Berchmans, jesuita.	19.04	10.15
7.53	17.24	**27 Vier.** Stos. Virgilio y Basileo, obispos. Beato Ramón Llull, mr. *Nuestra Sra. de la Medalla Milagrosa.*	20.22	11.12
7.55	17.24	**28 Sáb.** Stos. Jaime de Marchia, franciscano; Mansueto, ob. y mr.; Rufo, mr. Honesto de Nines, pbro. Sta. Catalina Labouré, rel.	21.40	11.56
7.56	17.23	**29 Domingo** *I de Adviento.* Stos. Saturnino (Sernin o Cernin), ob. mr.; Demetrio, mr. Sta. Iluminada, vg.	22.57	12.30
7.57	17.23	**30 Lun.** Stos. **Andrés apóstol**; Troyano, ob. Stas. Justina y Maura, vgs. mrs.	** **	12.58

CAPRICORNIO

DICIEMBRE

Mes consagrado a la Inmaculada Concepción

Sale	Se pone		Sale	Se pone
7.58	17.23	**1. Mar.** Stos. Eloy, ob.; Nahum, profeta. Sta. Natalia, esposa mr.	0.10	13.22
		☾ **CUARTO MENGUANTE** *a 7 h 8 min de la mañana en Virgo. Tiempo inseguro.*		
7.59	17.22	**2 Miér.** San Silvano, ob. Sta. Bibiana, vg. mr. Beata María Ángela Astorch, capuchina.	1.19	13.44
8.00	17.22	**3 Juev.** Stos. Francisco Javier, jesuita; Casiano, mr.; Sofonías, profeta. Sta. Magina, mr.	2.25	14.05
8.01	17.22	**4 Vier.** San Juan Damasceno, pbro. y dr. Stas. Bárbara, vg. mr.; Ada, vg.	3.31	14.27
8.02	17.22	**5 Sáb.** Stos. Dalmacio, ob. mr.; Sabas, abad. Stas. Crispina, mr.; Elisa, vg.	4.37	14.53
8.03	17.22	**6 Domingo** *II de Adviento.* Stos. **Nicolás de Bari, ob.**; Fortián Inocente, mr.; Mayórico, mr.; Pedro Pascual, ob. mr. Stas. Asela, vg.; Carmen Sallés, fund. DIA DE LA CONSTITUCIÓN	5.43	15.21
8.04	17.22	**7 Lun.** Stos. Ambrosio, ob. y dr. (patrón de los apicultores); Eutiquiano, papa mr.; Sta. Fara, abadesa.	6.47	15.56
8.05	17.22	**8 Mar.** ✠ LA INMACULADA CONCEPCIÓN DE SANTA MARÍA VIRGEN (popularmente *la Purísima*). Sta. Ester, reina. Stos. Eucario, ob.; Romarico, abad.	7.50	16.36
8.06	17.22	**9 Miér.** Stos. Juan Diego; Restituto, ob. mr. Sta. Leocadia (cat. Llogaia) vg. mr.	8.47	17.25
		◉ **LUNA NUEVA** *a 1 h 52 min de la madrugada en Sagitario. Viento.*		
8.06	17.22	**10 Juev.** Sta. Eulalia y Júlia de Mérida, vg. mr. Stos. Melquíades, papa, mr.; Trobat, mr. *Nuestra Señora de Loreto.*	9.37	18.20
8.07	17.22	**11 Vier.** Stos. Dámaso I, papa; Daniel Estilita, mje.; Sabino, ob. Sta. Ida, vg.	10.19	19.20
8.08	17.22	**12 Sáb.** Stos. Hermógenes y Donato, mrs. *Nuestra Sra. de Guadalupe*, patrona de Iberoamérica.	10.53	20.22
8.09	17.22	**13 Domingo** *III de Adviento.* Stas. Lucía, vg. mr.; Otilia, benedictina. Stos. Antíoco, mr.; Auberto, ob.	11.22	21.25
8.09	17.22	**14 Lun.** Stos. Juan de la Cruz, carmelita dr.; Justo y Abundio, mrs.; Dióscoro, niño mr.; Nicasio, ob. mr.	11.47	22.28
8.10	17.23	**15 Mar.** Stos. Celiano, mr.; Maximino, confesor; Valeriano, ob.; Úrbez (o Urbicio), pastor eremita. Sta. Cristina (Nina) esclava mr.	12.09	23.30
8.11	17.23	**16 Miér.** Stos. José Manyanet, fund.; Ananías, Azarías y Misael. Stas. Albina, vg. mr.; Adelaida (Alicia), emperatriz.	12.29	** **

Queso de ovejas, leche de cabras, manteca de vacas.

Al buey viejo,
múdale el pajar y dará el pellejo.

☀ *Sale* *Se pone*		**DICIEMBRE** Mes consagrado a la Inmaculada Concepción	🌙 *Sale* *Se pone*	
8.12	17.23	**17 Juev.** Stos. Juan de Mata, fund.; Franco de Sena, rel.; Lázaro de Betania. Sta. Yolanda (o Violante), rel. dominica.	12.50	0.34
		🌓 **CUARTO CRECIENTE** *a 6 h 43 min de la mañana en Piscis. Lluvias abundantes.*		
8.12	17.24	**18 Vier.** Stos. Gacián, ob.; Adjutorio, mr. *Nuestra Sra. de la Esperanza* (popularmente la *Virgen de la O*).	13.12	1.39
8.13	17.24	**19 Sáb.** Stos. Nemesio, mr.; Urbano V, papa. Stas. Fausta y Tea mrs.; Eva, esposa de Adán.	13.37	2.47
8.13	17.24	**20 Domingo** *IV de Adviento.* Stos. Domingo de Silos, abad; Macario, pbro. mr.	14.06	4.00
8.14	17.25	**21 Lun.** Stos. Benjamín, patriarca; Pedro Canisio, jesuita y dr.; Glicerio, pbro. mr.; Severino, ob. mr. *Antigua fiesta litúrgica de Santo Tomás, apóstol (actualmente el 3 de julio).*	14.45	5.17
		☀ **SOL EN CAPRICORNIO** (solsticio) *Empieza el* Invierno *a las 10 h 20 min de la noche.*		
8.14	17.25	**22 Mar.** Stos. Zenón y Demetrio, mrs. Stas. Francisca-Javiera Cabrini, vg. fund.; Elena, vg. clarisa.	15.34	6.36
8.15	17.26	**23 Miér.** Stos. Juan de Kety, pbro.; Sérvulo, conf. Sta. Victoria, vg. mr.	16.37	7.50
8.15	17.26	**24 Juev.** San Delfín, ob. Stas. Adela, abadesa; Irmina, vg. princesa.	17.52	8.55
		🌕 **LUNA LLENA** *a 2 h 28 min de la madrugada en Cáncer. Calma. Temperaturas suaves.*		
8.16	17.27	**25 Vier.** ✠ **NAVIDAD DE NUESTRO SEÑOR JESUCRISTO**. *Nuestra Sra. de Belén o del Pesebre* (Nadal, Noel). Stas. Anastasia, mr.; Eugenia, vg. mr.	19.14	9.46
8.16	17.28	**26 Sáb.** San Esteban, protomártir. Stos. Dionisio y Zósimo, papas; Marino, mr.	20.35	10.26
8.16	17.28	**27 Domingo** *La Sagrada Família.* San Juan apóstol y evangelista. Stos. Teodoro y Teófanes, hermanos. Stas. Nicareta, vg.; Fabiola, penitente.	21.53	10.58
8.17	17.29	**28 Lun.** Los Santos Inocentes, mártires. San Abel, hijo de Adán y Eva. Sta. Dómina, vg. mr.	23.07	11.25
8.17	17.30	**29 Mar.** Stos. Tomás Becket, ob. mr.; David, rey profeta; Trófimo, ob.	** **	11.47
8.17	17.31	**30 Miér.** Stos. Félix I, papa mr.; Rogelio, ob.; Mansueto, mr.; Rainerio, ob., Sabino, ob. mr. Beato Raúl, abad. Sta. Anisia, mr.	0.16	12.09
		🌗 **CUARTO MENGUANTE** *a 7 h 59 min de la tarde en Virgo. Despejado y ventoso.*		
8.17	17.31	**31 Juev.** Stos. Silvestre I, papa; Sabiniano, ob. mr. Stas. Coloma, vg. mr.; Melania la Joven.	1.23	12.32

CENTENARIOS

PRINCIPALES CENTENARIOS
QUE SE CELEBRARÁN DURANTE EL AÑO 2026

Primer centenario

Del primer vuelo entre Europa y Sudamérica realizado con una sola aeronave: el hidroavión de la aviación española Plus Ultra, efectuado en 7 etapas y con una duración de 19 días (22/1/1926).

De la primera demostración pública de imágenes reales de televisión, realizada por el ingeniero escocés John Logie Baird, en Londres (26/1/1926).

Del lanzamiento, en Auburn (EE. UU.), del primer cohete de combustible líquido, ideado por el físico e ingeniero Robert H. Goddard, pionero de la astronáutica (16/3/1926).

Del estreno, en la Scala de Milán, de *Turandot,* la última ópera de Giacomo Puccini (25/4/1926).

Del establecimiento, por primera vez, de las 40 horas de trabajo semanales, repartidas en jornadas de 8 horas durante 5 días a la semana, implementadas por el industrial norteamericano Henry Ford (1/5/1926).

Del primer vuelo sobre el Polo Norte, realizado por el dirigible italiano Norge, pilotado por su diseñador Umberto Nobile y el explorador Roald Amundsen (12/5/1926).

De la proclamación de Hirohito como 124.º emperador de Japón (25/5/1926).

De la gesta de la nadadora norteamericana de origen alemán, Gertrude Ederle, al convertirse en la primera mujer en cruzar el Canal de la Mancha nadando (6/8/1926).

Del huracán que devastó la costa de Florida (EE.UU.), causando cientos de muertos y la casi total destrucción de la ciudad de Miami (20/9/1926).

De la firma de la Convención sobre la esclavitud y el comercio de personas, promovida por la Sociedad de Naciones, que establecía una normativa concreta para avanzar en la abolición de la esclavitud en el mundo (25/9/1926).

Del estreno de *El maquinista de La General,* de Buster Keaton, una de las películas más icónicas del cine mudo (25/12/1926).

De la fundación, en Alemania, de la compañía automovilística Mercedes-Benz por Karl Benz y Gottlieb Daimler (1926).

De la inauguración de la Ruta 66, que atraviesa Estados Unidos de costa a costa, quedando integrada en la Red de Carreteras Federales del país (1926).

Segundo centenario

De la aparición, en París, del periódico *Le Figaro* (15/1/1826).

De la anexión de la isla de Chiloé a Chile, que supuso el fin de la guerra de independencia y la pérdida del último territorio del imperio español en el país (18/1/1826).

De la publicación, en España, del primer decreto sobre patentes de invención, que dio inicio al sistema moderno y a la actual Oficina de Patentes y Marcas (27/3/1826).

Del anuncio del descubrimiento del bromo por el químico francés Antoine-Jérôme Balard (3/7/1826).

De la última ejecución, en Valencia, de un condenado por el Tribunal de la Inquisición: el maestro solsonense Gaietà Ripoll, acusado de herejía (31/7/1826).

De la coronación, en Moscú, del zar Nicolás I de Rusia (19/8/1826).

De la patente de la primera estufa de gas por el ingeniero inglés James Sharp (1826).

De la invención de la máquina segadora por el escocés Patrick Bell (1826).

De la invención de las cerillas de fricción con fósforo por el químico y farmacéutico inglés John Walker (1826).

Tercer centenario

De la publicación de *Los viajes de Gulliver*, de Jonathan Swift (1726).

De la publicación del *Discurso en defensa de las mujeres*, del padre Benito Jerónimo Feijoo, uno de los textos fundacionales del feminismo (1726).

De la publicación del *Diccionario de autoridades*, el primer diccionario elaborado por la RAE (1726).

Cuarto centenario

De la adquisición de la isla de Manhattan a los indios lenape por parte de la Compañía Holandesa de las Indias Occidentales (1626).

De la consagración de la Basílica de San Pedro del Vaticano durante el pontificado de Urbano VIII (1626).

Quinto centenario

Del matrimonio del emperador Carlos V con Isabel de Portugal (11/3/1526).

Octavo centenario

Del inicio de la construcción de la catedral de Toledo (1226).

Noveno centenario

De la expulsión de los mozárabes de al-Ándalus mediante una deportación masiva al norte de África (1126).

Decimotercer centenario

De la imposición de la iconoclastia por el emperador León II de Constantinopla (726).

Decimoquinto centenario

De un terremoto en Antioquia (Siria) que provocó más de 250.000 muertos (526).

NACIERON

1926. David Attenborough, científico y divulgador naturalista; **Tony Benett**, cantante; **Chuck Berry**, músico; **Josep M. Castellet**, crítico literario; **Fidel Castro**, político; **John Coltrane**, saxofonista; **Miles Davis**, trompetista; **Cayetana Fitz-James Stuart**, duquesa de Alba; **Dario Fo**, dramaturgo; **Ramon Folch**, escritor; **Michel Foucault**, filósofo; **Eugène Freyssinet**, ingeniero civil; **Noah Gordon**, escritor; **Jerry Lewis**, actor; **Marta Mata**, pedagoga; **René Metras**, galerista y marchante de arte; **Marilyn Monroe**, actriz; **Paco Rabal**, actor; **Alfredo Di Stéfano**, futbolista; **Montserrat Torrent**, organista; **Isabel II del Reino Unido**, monarca.

1826. Carlo Collodi, escritor; **Ramon Martí i Alsina**, pintor; **Eugenia de Montijo**, emperatriz de Francia; **Gustave Moreau**, pintor; **Venanci Vallmitjana**, pintor.

1726. James Hutton, geólogo escocés

1626. Louis Couperin, compositor.

1526. Álvaro de Bazán, almirante.

1126. Averroes, filósofo.

MURIERON

1926. Antoni Mª Alcover, filólogo y escritor **Joan Alcover,** poeta y político; **Antoni Gaudí**, arquitecto; **Harry Houdini**, ilusionista; **Antonio Maura**, político; **Claude Monet**, pintor; **Rainer Maria Rilke**, poeta; **Rodolfo Valentino**, actor; **Yoshihito**, emperador del Japón.

1826. John Adams, segundo presidente de EE. UU.; **Thomas Jefferson**, tercer presidente de EE. UU.; **René Laennec**, médico y científico, inventor del estetoscopio; **Carl Maria von Weber**, compositor.

1726. Antonio de Villaroel, militar.

1626. Francis Bacon, filósofo.

1526. Juan Sebastián Elcano, navegante.

1426. Nicolás Maquiavelo, filósofo.

1226. San Francisco de Asís; **Luís VIII**, rey de Francia.

526. Teodorico el Grande, rey de los ostrogodos.

HACE **100** AÑOS
Y MÁS, EN CATALUÑA

Primer centenario

De la apertura al público como parque municipal del Parque Güell de Barcelona, construido entre 1900 y 1914 y diseñado por Antoni Gaudí (26/4/1926).

De la colocación de la primera piedra del Palacio Nacional, construido con motivo de la Exposición Internacional de 1929 en Barcelona y que en 1934 se convertiría en la sede del MNAC (30/6/1926).

De la inauguración del primer tramo del Ferrocarril Metropolitano de Barcelona, más conocido como el Transversal, que iba desde La Bordeta hasta la plaza de Catalunya (10/6/1926).

De la publicación de una Real Orden, durante la dictadura de Primo de Rivera, que establecía sanciones específicas para los maestros nacionales que abandonaran o entorpecieran la enseñanza en castellano en regiones donde se conservaba una lengua propia, como el catalán (11/6/1926).

Del terrible temporal de aguaceros en el Vallès y en prácticamente todo el litoral de Cataluña, conocido como *Aiguats de Sant Ramon*. Las inundaciones y derrumbes causaron 44 muertes e incontables daños materiales (31/8/1926).

Del estreno del césped del estadio del F.C. Barcelona, el Camp Nou de les Corts (24/9/1926).

De la inauguración de los almacenes Can Jorba de Barcelona (25/10/1926).

De la publicación del primer fascículo del *Diccionari Català-Valencià-Balear* de mossén Antoni Maria Alcover y Francesc de Borja Moll.

De la creación de la Sociedad Catalana de Pediatría (1926).

De la fundación de la Asociación Obrera de Conciertos por parte de Pau Casals (1926).

Segundo centenario

De la fundación de la Congregación de las Hermanas Carmelitas de la Caridad, conocidas como las hermanas Vedrunas, fundada por Santa Joaquina de Vedruna (26/2/1826).

Del primer ensayo de alumbrado de gas en Barcelona, realizado por el profesor de química Josep Roure en las dependencias de la Lonja de Mar (24/6/1826).

De la fundación, en Barcelona, de los Talleres Nuevo Vulcano, un astillero y fundición especializada en la construcción y reparación de barcos de vapor (1826).

100 AÑOS
de la muerte de Antoni Gaudí i Cornet (1852-1926)

El 7 de junio de 1926, un tranvía atropellaba al gran arquitecto catalán Antoni Gaudí en la Gran Vía de Barcelona. Tres días después moría a la edad de 74 años. La noticia conmocionó a la ciudad, que despidió al genio del modernismo con una multitudinaria ceremonia en la Sagrada Familia, donde hoy reposan sus restos. Profundamente religioso y comprometido con el arte y la naturaleza, el legado innovador y visionario de Gaudí perdura en obras como el Parque Güell, la Casa Batlló, la Pedrera o la mencionada Sagrada Familia, obras que todavía hoy siguen inspirando a nuevas generaciones de arquitectos y artistas de todo el mundo.

Quinto centenario

De la expulsión o conversiones forzadas de musulmanes en el Principado de Cataluña y Reino de Mallorca, en el Reino de Valencia y en el Reino de Aragón por un real edicto de Carlos V (26/1/1526).

Jaume NOLLA

Más centenarios
www.calendariermita.cat

Any CVII

ESDEVENIMENTS INTERESSANTS
Succeïts des de l'1 d'agost de 2024
fins al 31 d'agost de 2025

AGOSTO DE 2024

5. La primera ministra de India, Sheikh Hasina, dimite y abandona Bangladés tras semanas de protestas masivas, que dejan cerca de 300 muertos. Los manifestantes exigían la reforma de un sistema de cuotas de la administración pública que favorece a los leales al partido del gobierno.

8. El líder del PSC, Salvador Illa, es investido presidente de la Generalitat de Cataluña gracias al apoyo de ERC y los Comuns. La jornada se ve eclipsada por el retorno a Barcelona del expresidente Carles Puigdemont, quien tras pronunciar un parlamento en el paseo de Lluís Companys, consigue huir en medio de un gran dispositivo desplegado por los Mossos d'Esquadra.

11. Se celebra la clausura de los Juegos Olímpicos de París, que ceden el relevo a Los Ángeles 2028. Estados Unidos y China, con 40 medallas de oro cada uno, encabezan el medallero. España consigue 18 medallas, 5 de ellas de oro.

SEPTIEMBRE DE 2024

4. En Francia, y ante una gran expectación, comienza el juicio del caso de Gisèle Pelicot, una mujer drogada durante una década por su marido para ser abusada sexualmente por él y unos setenta hombres.

11. El gobierno español concede asilo político al líder opositor venezolano Edmundo González, quien fue reconocido por el Congreso de su país como ganador de las elecciones celebradas el pasado 28 de julio.

— Se celebra la Diada nacional de Cataluña con el índice de participación más bajo en las manifestaciones desde 2012.

29. En las elecciones generales de Austria, gana el partido ultranacionalista de extrema derecha (FPÖ), pero sin la suficiente mayoría para gobernar.

OCTUBRE DE 2024

1. Continúa la escalada bélica en Oriente Medio: Israel inicia una invasión del sur del Líbano para debilitar y poner fin a los ataques del grupo chií Hezbolá. El mismo día, Irán ataca a Israel lanzando más de 200 misiles balísticos contra Tel Aviv.

7. El huracán Milton llega a la costa oeste de Florida (EE. UU.), causando graves inundaciones y devastadores tornados. Es considerado "el peor huracán del siglo".

10. El gran tenista mallorquín Rafael Nadal pone fin a su carrera deportiva.

11. Una tormenta geomagnética permite ver auroras boreales en muchos puntos de Cataluña.

12. Se visualiza a simple vista el cometa Tsuchinshan-ATLAS, a ser visible con una

cola muy larga. No volverá hasta dentro de ochenta mil años.

14. Dos días de intensas lluvias provocan un diluvio y la formación de lagos en el sudeste del desierto del Sáhara, una situación que no se veía desde hacía cincuenta años.

17. En uno de los ataques contra Gaza, Israel mata a Yahya Sinwar, líder de Hamás, junto a algunos de sus hijos y nietos.

29. Una DANA de dimensiones sin precedentes provoca una colosal catástrofe en Valencia. Hay 66 poblaciones afectadas, entre las que destacan Chiva, Cheste, Paiporta y Catarroja. Mueren más de 222 personas y hay 1.500 desaparecidos, además de grandes destrozos materiales. Más de 100.000 voluntarios se movilizan para ayudar a los afectados, mientras el gobierno valenciano y su presidente son cuestionados por su gestión. La noticia tiene repercusión en todos los medios del mundo. Hará falta mucho apoyo material y económico para superar la gran crisis.

NOVIEMBRE DE 2024

5. El republicano Donald Trump gana las elecciones a la presidencia de los Estados Unidos frente a la demócrata Kamala Harris. Trump alcanza el máximo poder al obtener también la mayoría en la Cámara de Representantes y en el Senado.

20. La presidenta del Parlamento Europeo, Ursula von der Leyen, nombra como vicepresidenta a la española Teresa Ribera, exministra socialista.

— La Corte Penal Internacional dicta órdenes de detención contra el primer ministro israelí, Benjamin Netanyahu, y su exsecretario de Defensa, Yoav Gallant, acusados de crímenes contra la humanidad.

DICIEMBRE DE 2024

3. El presidente de Corea del Sur, Yoon Suk-yeol, declara la ley marcial, acusando a la oposición de llevar a cabo acciones antidemocráticas instigadas por influencia de Corea del Norte. La Asamblea Nacional revoca la medida y Yoon es destituido del cargo, acusado de abuso de poder y corrupción.

6. Tras años de negociaciones, se anuncia el acuerdo de libre comercio entre la UE y el bloque sudamericano Mercosur, que liberaliza más del 90 % de las importaciones y aranceles.

7. Se reabre la catedral de Notre-Dame de París, completamente restaurada después del gran incendio que sufrió en 2019.

8. Un grupo de insurgentes islamistas sirios (provenientes de Al Qaeda) toma Damasco y derroca al gobierno del presidente Bashar al Assad, quien huye del país.

29. El aterrizaje de emergencia de un avión en Muan (Corea del Sur) provoca 179 víctimas mortales.

ENERO DE 2025

8. Se producen grandes incendios en Los Ángeles (EE. UU.) que arrasan 14.000 hectáreas, provocando 25 muertos, la destrucción de 13.000 casas y mansiones de lujo, así como la evacuación de 400.000 personas.

11. El *Calendario del Ermitaño* es galardonado con el Toni de Honor 2025, otorgado por la asociación Tonis de Taradell en reconocimiento a los 150 años de su publicación.

19. Israel y Hamás llegan a un acuerdo de alto el fuego que permitirá el intercambio de rehenes israelíes por presos palestinos, así como la entrada de ayuda humanitaria y combustible a la Franja de Gaza.

20. Donald Trump toma posesión del cargo de presidente de los Estados Unidos y firma sus primeros decretos, cerca de cincuenta, sobre temas de inmigración, transfobia, terrorismo, cambio climático y control de las instituciones.

29. Mueren 67 personas tras la colisión entre un avión de American Airlines y un helicóptero militar en Washington.

31. El presidente Donald Trump aprueba aranceles del 25 % a los productos importados de México, Canadá y China para proteger la economía de los Estados Unidos, y anuncia su extensión a Europa.

FEBRERO DE 2025

12. Donald Trump inicia conversaciones unilaterales con el líder ruso Vladímir Putin para negociar el fin de la guerra en Ucrania, sin contar con la participación de este país ni de Europa en las negociaciones de paz.
23. Se celebran elecciones al Bundestag de Alemania, en las que el partido gobernante, el socialista SPD, sufre la peor derrota de su historia. La victoria es para la coalición democristiana CDU/CSU. Ambos partidos se unirán para gobernar y aislar a la formación de ultraderecha AfD, que experimenta un fuerte ascenso.
27. El líder kurdo Abdullah Öcalan insta al grupo rebelde del Partido de los Trabajadores del Kurdistán (PKK) a abandonar la lucha armada y disolverse.
28. El presidente de Ucrania, Volodímir Zelenski, se reúne con Donald Trump en la Casa Blanca. Trump estaría dispuesto a negociar la paz con Rusia a cambio de poder explotar una parte de las tierras raras ucranianas. No hay acuerdo y la reunión termina con una bronca inédita de Trump a Zelenski.

MARZO DE 2025

4. Tras la suspensión de la ayuda militar a Ucrania por parte de los Estados Unidos, la presidenta de la UE, Ursula von der Leyen, propone un plan de rearme y defensa europea que implicaría movilizar hasta 800.000 millones de euros.
18. Israel pone fin unilateralmente al alto el fuego en Gaza, llevando a cabo el ataque aéreo más mortífero de la guerra, que provoca la muerte de más de 400 palestinos. El ataque se justifica alegando el incumplimiento de Hamás en la liberación pactada de rehenes israelíes.
19. Los astronautas Butch Wilmore y Suni Williams regresan a la Tierra en una cápsula de SpaceX, tras permanecer nueve meses en la Estación Espacial Internacional debido a problemas técnicos de su nave Starliner.
25. La UE aconseja a los ciudadanos disponer de un kit de supervivencia de 72 horas para utilizar en caso de guerra o desastre natural.
27. Tras un periodo de extrema sequía, las abundantes lluvias y nevadas del mes de febrero llenan los embalses de las cuencas internas, superando el 60 % de su capacidad, niveles que no se alcanzaban desde 2022.
28. Se produce un terremoto devastador de magnitud 7,7 en Myanmar (Birmania) y Tailandia. La ciudad queda colapsada y hay más de 3.500 muertos, 5.000 heridos y 200 desaparecidos.
31. La justicia francesa declara culpable de malversación a la dirigente ultraderechista Marie Le Pen y la inhabilita por un periodo de cinco años.

ABRIL DE 2025

2. El gobierno de los Estados Unidos comienza a aplicar una política arancelaria de gran alcance, provocando una importante caída de las bolsas en todo el mundo.
21. Muere el papa Francisco después de doce años de un pontificado considerado aperturista y reformista.
25. Por primera vez, Ucrania se abre a la cesión de territorio a Rusia en el marco de las negociaciones de paz impulsadas por la UE.
27. Más de 400.000 fieles y un centenar de mandatarios de todo el mundo asisten al funeral del papa Francisco en el Vaticano.
29. Se produce un apagón eléctrico sin precedentes que afecta a toda la península Ibérica durante más de 12 horas, provocando la paralización de la actividad de comercios, industrias, trenes, hospitales, etc.

MAYO DE 2025

2. Ucrania recupera el apoyo militar de los Estados Unidos al aceptar la explotación conjunta de las tierras raras del país.

7. En una sentencia histórica, un jurado federal de los Estados Unidos ordena a la empresa israelí NSO Group, fabricante del software espía Pegasus, pagar 167 millones de dólares a Meta por haber pirateado los teléfonos móviles de más de mil usuarios de WhatsApp.

8. Robert Prevost, cardenal de los EE. UU., de nacionalidad peruana, se convierte en el nuevo papa de la Iglesia católica con el nombre de León XIV.

12. Un extenso informe de la Unidad Central Operativa (UCO) de la Guardia Civil provoca la dimisión del secretario de organización del PSOE, Santos Cerdán, por su presunta implicación en la trama de corrupción conocida como caso Koldo, en la que están implicados empresarios y antiguos cargos socialistas, como el exministro de Transportes José Luís Ábalos.

18. Se celebran elecciones legislativas en Portugal. Hay una derrota de la izquierda socialista y un repunte de la extrema derecha. Los conservadores intentarán pactar con los otros partidos, excepto con la ultraderecha.

— En las elecciones presidenciales de Rumanía, el candidato proeuropeo Nicusor Dan obtiene más del 53 % de los votos y consigue desmarcarse del partido de extrema derecha que había liderado la primera vuelta.

28. El Tribunal Supremo confirma que las pinturas románicas de Sixena que se encuentran en el Museo Nacional de Arte de Cataluña (MNAC) tienen que ser restituidas a su origen. El MNAC no ve factible ejecutar la sentencia por el riesgo de que las obras se vean dañadas.

JUNIO DE 2025

1. En las elecciones presidenciales de Polonia, gana el candidato ultraconservador Karol Nawrocki.

— Una contraofensiva ucraniana cuidadosamente planificada, llamada operación "Telaraña", destruye con drones 40 aviones bombarderos rusos situados en puntos alejados de Rusia.

6. Donald Trump intensifica su campaña de detenciones y deportaciones masivas de migrantes, en medio de una oleada de protestas en todo el país. En Los Ángeles, una de las ciudades con más batidas y protestas, intervienen la Guardia Nacional y más de 700 marines por orden directa del presidente.

12. Un avión de Air India se estrella poco después de despegar del aeropuerto de Ahmedabad. Solo hay un superviviente entre los 242 pasajeros.

13. Israel lanza una ofensiva militar contra Irán con el objetivo de frenar el programa nuclear de los ayatolás. La escalada bélica se intensifica con ataques de misiles y drones, provocando importantes bajas en la cúpula militar iraní.

22. Estados Unidos bombardea tres instalaciones nucleares de Irán, en un ataque ordenado por el presidente Trump sin autorización previa del Congreso. Dos días después, Trump anuncia un acuerdo de alto el fuego en el conflicto.

26. El Tribunal Constitucional valida la constitucionalidad de la ley de amnistía vinculada al proceso independentista de Cataluña.

30. Cataluña vive el mes de junio más caluroso desde que hay registros, con récords de temperatura en diferentes observatorios del país que superan los 40 °C.

JULIO DE 2025

1. El Tribunal Supremo ordena el ingreso en prisión preventiva del exsecretario de organización del PSOE, Santos Cerdán, implicado en el caso Koldo.

4. Los precios del alquiler registran una subida récord en todo el Estado, superando los máximos de la burbuja inmobiliaria de 2007.

6. El magnate tecnológico Elon Musk anuncia la creación del America Party, un nuevo partido político que busca de-

safiar el tradicional sistema bipartidista de los EE. UU., compuesto por republicanos y demócratas.

17. Un juez de Tarragona imputa al exministro de Hacienda del Partido Popular, Cristóbal Montoro, y a otras 27 personas por su presunta implicación en una trama corrupta desarrollada entre 2012 y 2018, durante los gobiernos de José María Aznar y Mariano Rajoy.

30. Se produce un megaterremoto de magnitud 8,8 que sacude la península de Kamchatka, en Rusia, y provoca alertas de tsunami en las costas del norte del Pacífico. Está considerado el sexto terremoto más potente de la historia de la humanidad.

AGOSTO DE 2025

7. El presidente Donald Trump impone un 15 % de aranceles sobre la mayoría de bienes industriales de la UE. El pacto incluye compromisos económicos adicionales por parte de Europa.

8. Se inician unos devastadores incendios forestales que, durante más de 15 días, afectarán a más de 440 municipios repartidos principalmente en Galicia, Castilla y León y Extremadura, arrasando más de 360.000 hectáreas.

— Israel inicia la invasión de la ciudad de Gaza, movilizando a 60.000 reservistas.

9. Armenia y Azerbayán firman un tratado de paz, promovido por el presidente Trump, después de casi cuatro décadas de conflicto.

22. La ONU declara la hambruna en Gaza, que ya afecta a más de medio millón de palestinos, y responsabiliza al gobierno israelí.

28. Putin ordena un gran ataque con misiles en Kiev, dañando las oficinas de la UE y del Reino Unido en la capital ucraniana. El ataque deja nuevamente estancadas las conversaciones de paz.

31. La Flotilla Global Sumud parte de Barcelona, con 300 tripulantes, hacia Gaza para establecer un corredor humanitario. Se reunirán un total de 50 barcos de 44 países distintos.

ENS HAN DEIXAT

Miquel Milà (13/8/24), diseñador; **Alain Delon** (18/8/24), actor; **Armand de Fluvià** (6/9/24), genealogista y heraldista; **Alberto Fujimori** (11/9/24), político; **Maggie Smith** (27/9/24), actriz; **Mayra Gómez Kemp** (13/10/24), presentadora de televisión; **Quincy Jones** (3/11/24), músico; **Marisa Paredes** (17/12/24), actriz; **Jimmy Carter** (29/12/24), político; **Joan Josep Guinovart** (1/1/25), farmacéutico y químico; **Francesc Antich** (2/1/25), político; **David Lynch** (15/1/25), director de cine; **Francisca Viveros** (Paquita del Barrio) (17/2/25), cantante; **Juan Mariné** (17/2/25), director de fotografía y restaurador cinematográfico; **Richard Charbemlain** (29/3/25), actor; **Roberta Flack** (24/2/25), cantante; **Gene Hackman** (26/2/25), actor; **Val Kilmer** (1/4/25), actor; **Mario Vargas Llosa** (13/4/25), escritor; **Francisco I** (Jorge Mario Bergoglio) (25/4/25), papa; **Robert Benton** (11/5/25), cineasta; **José Mujica** (13/5/25), agricultor y presidente de Uruguay; **Ignasi Riera** (22/5/25), escritor y político; **Sebastiao Salgado** (23/5/25), fotógrafo; **Brian Wilson** (11/6/25) cantante pop; **Joel Shapiro** (14/6/25), escultor; **Alfred Brendel** (17/6/25), pianista; **Paco Solé Parellada** (19/6/25), empresario; **Arnaldo Pomodoro** (22/6/25), escultor y escenógrafo; **Diogo Jota** (3/7/25), futbolista; **Toni Cruz** (11/7/25), productor de televisión; **Ozzy Osbourne** (22/7/25), cantante de heavy metal; **James A. Lowell** (7/8/25), astronauta; **Miguel Uribe** (11/8/25), senador de Colombia; **Eduard Carbonell** (18/8/25), historiador del arte; **Verónica Echegui** (24/8/25), actriz; **Eusebio Poncela** (27/8/25), actor; **Rodion Shchedrin** (29/8/25), compositor.

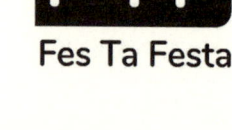

Fes Ta Festa

*La cultura popular
a la ràdio i a internet*

www.festafesta.cat

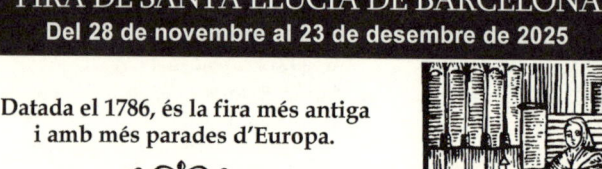
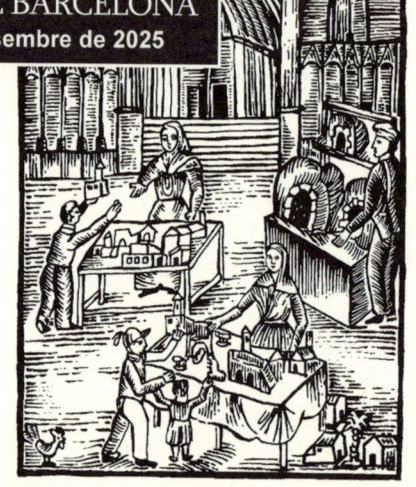

FIESTAS MAYORES

Las Santas de Mataró

Les Santes son la fiesta mayor de Mataró,
que se celebra entre el 24 y el 29 de julio en honor a
santa Juliana y santa Semproniana (27 de julio),
dos mártires del cristianismo del siglo IV,
discípulas de san Cugat, nacidas en Iluro
(el actual Mataró) y patronas de la ciudad.
Declarada fiesta patrimonial de interés nacional por la
Generalitat de Catalunya, la primera celebración
documentada de la fiesta data de 1773.

ENERO

3. El Pont d'Armentera. **6.** el Pla de Santa Maria. **7.** Fortià, Llers, Lliçà d'Amunt, Masllorenç, el Pla de Santa Maria, Vilafranca del Penedès. **9.** L'Arbóç, Verges. **15.** Santa Margarida de Montbui. **17.** Ascó, Benissanet, les Borges del Camp, Corbera de Ll., Garcia, la Granadella, Llagostera, Massalcoreig, Montbrió del Camp, Móra d'Ebre, el Perelló, Querol, Salou, Sant Antoni de Vilamajor, Santa Margarida i els Monjos, Sarroca de Lleida, la Torre de l'Espanyol, Vilabella, Vilanova i la Geltrú, Vila-seca, Vimbodí i Poblet, Tivenys. **18.** Ascó, Camós, Montbrió del Camp, Puig-reig, Santa Eugènia de Berga. **20.** Alcarràs, Alfarràs, Almenar, Alpicat, Begues, Bigues, la Bisbal del Penedès, la Canonja, Castellolí, Castellserà, Constantí, Cunit, Espolla, Fondarella, la Granja d'Escarp, Isil, Maials, el Masroig, Matadepera, Miralcamp, Moià, Monistrol de Montserrat, Òdena, Olesa de Bonesvalls, Olvan, els Pallaresos, Pont de Molins, Pontons, Rodonyà, Sant Jaume dels Domenys, Sant Llorenç d'Hortons, Sant Pere Pescador, Santa Maria d'Oló, Soses, Súria, Taradell, Térmens, Torredembarra, Torrefarrera, Torrelameu, Vallirana, Vallmoll, Viladecans, Vilafranca del P., Vilagrassa, Vilanova de Segrià, Vilanova d'Escornalbou, Vilaplana, Vila-rodona. **21.** Aiguamúrcia, els Hostalets de Balenyà, Sant Fruitós de Bages. **22.** Àger, Cabanes, Castellbisbal, Esterri d'Àneu, Font-rubí, Gualba, Llançà, Menàrguens, Mollet del V., Prats de Lluçanès, Riells del Fai, Sant Vicenç de Castellet, Sant Vicenç de Montalt, Sant Vicenç de Torelló, Sant Vicenç dels Horts, Torregrossa, Tossa de Mar, Vallromanes, Vilamalla. **25.** Alforja, Besalú, Cabrera de Mar, Camós, Cànoves i Samalús, Parets del Vallès, Polinyà, Sant Pere de Ribes, Sant Pol de Mar, Torrelles de Ll., Santa Maria de Palautordera, Subirats, Torrelavit, Vilajuïga, Vilamalla,Vilanova de Segrià. **29.** Benavent de Segrià.

CATALUNYA NORD: 17-18. el Voló. **20.** Tuïr. **24-25.** Baó.

ANDORRA: 7. Sant Julià de Lòria. **17.** la Massana.

FEBRERO

1. Palau Saverdera, Torres de Segre. **2.** l'Ametlla de Mar, Botarell, Castelló d'Empúries, la Pobla de Mafumet, Valls. **3.** l'Aleixar, Algerri, Bot, Castellnou de Seana, l'Espluga Calba, la Fatarella, el Palau d'Anglesola, Sidamon, Vila-sacra. **5.** Calaf, Capmany, Cervera. **6.** Capellades. **9.** Aitona. **12.** Banyeres del Penedès, Barcelona, Esparreguera, Pallejà, Saifores. **14.** les Cabanyes, Navarcles. **14-15.** l'Hopitalet de Ll. **21.** Manresa. **21-22.** Riudecols.

MARZO

7. Santa Perpètua de Mogoda. **16.** Castellgalí. **18.** Horta de Sant Joan. **19.** Llívia, Picamoixons, Sant Jaume de Miami Platja. **21-22.** Barri del Pi (Barcelona). **24.** Almacelles.

ABRIL

3. Sant Martí de Tous. **6.** Figaró-Montmany, Llívia. **12.** Peralada, Puig-Reig. **23.** Aldover, Camarasa, Montgat, Puigverd de Lleida. **25.** Balsareny, Berga, Casserres, Mura. **26.** Casserres, La Cellera de Ter, Horta de Sant Joan, Sant Salvador de Guardiola, Sentmenat, Tortellà. **28.** Òdena, Piera. **29.** La Portella, Vilassar de Dalt.

MAYO

2. Riba-roja d'Ebre, Barberà de la Conca. **2-3.** Bell-lloc d'Urgell, Cabra del Camp. **3.** Cabrils, Celrà, Cerdanyola del V., Figueres, Salardú, Torrelameu, Torre-Serona. **8.** Albatàrrec, el Bruc, Sanaüja, Soses. **9.** Santa Bàrbara. **10.** Castellolí, Cruïlles, Sant Gregori, Serinyà, Vallfogona de Balaguer. **11.** Badalona, Lleida, Ripoll. **14.** Balsareny, Montblanc, Tàrrega, Tremp. **15.** Bellcaire d'Urgell, Cervià de les Garrigues, Gimenells i el Pla de la Font, Guils de Cerdanya, Juncosa, Masquefa, Mollerussa, la Palma de Cervelló, la Vall de Bianya. **16-17.** Porqueres, la Vall de Bianya. **17.** Granollers. **19.** Aitona. **20.** el Port de la Selva, Sant Boi de Ll. **22.** Bonastre, Corbins, Linyola. **23-24.** Camós, la Pobla de Lillet, les Preses, Vilablareix. **24.** Castellar del V., Sant Feliu de Pallerols, Vallbona d'Anoia. **25.** Barberà del Vallès. **26.** Vacarisses. **30-31.** Castellví de Rosanes.

CATALUNYA NORD: 17. Cànoes. **24.** St. Pau de Fenollet.

ANDORRA: 5. les Escaldes.

JUNIO

5. Guissona. **6-7.** Cànoves i Samalús, la Selva del Camp. **7.** Cornellà de Ll., Ivars d'Urgell. **9.** Montcada i Reixach. **13.** Bellver de Cerdanya, Tiana. **13-14.** Sant Gervasi de Cassoles (Barcelona). **14.** Santpedor. **16.** Calella, Durro, Muntanyola, Sant Quirze de Besora, Sant Quirze Safaja, Valldoreix. **18.** la Pobla de Segur. **21.** Badia del Vallès, Camprodon, Llívia. **24.** l'Ampolla, Artíes, Boí, Campdevànol, Castellar de n'Hug, l'Hospitalet de Ll., Llorenç del Pendès, Les, Montgat, Olesa de Montserrat, Palamós, Pineda de Mar, la Pobla de Mafumet, Prats de Lluçanès, Sant

Hilari Sacalm, Sant Joan de Vilatorrada, Sant Joan Despí, Sant Joan les Fonts, Sant Pere de Ribes, la Torre de Claramunt, Valls, Vilassar de Mar, Vinyols i els Arcs. **27-28.** Callús, la Gornal, Montmeló, Vernet. **29.** Abrera, Alfarràs, Alp, Begur, Bigues, Calafell (Sant Pere), Calella de Palafrugell, Cambrils, Canet de Mar, Escunhau, Figueres, Gavà, Les, Lladrós, Lles de Cerdanya, el Masnou, Montbrió del Camp, Olopte, Os de Civís, Perafort i Puigdelfí, Premià de Dalt, Reus, Riudecols, Rubí, Sant Cugat del V., Sant Pere de Ribes, Sant Pere de Torelló, Sant Pere de Vilamajor, Sant Pere Pescador, Tossa de Mar, l'Hospitalet de l'Infant.

CATALUNYA NORD: 24. Els Banys d'Arles, Perpinyà. **25.** Canet de Rosselló. **29.** Prada.
ANDORRA: 19. Escaldes-Engordany. **24.** Sispony.

JULIO
3. Bellavista, Sant Fruitós de Bages. **4.** Corbera d'Ebre, Hostalric. **4-5.** Artesa de Lleida, Llampaies, Polinyà, **5.** Adrall, Barberà del V., Maçanet de Cabrenys, Roquetes, Sant Esteve Sesrovires, Sant Quirze del V., Santa Eulàlia de Rançana, Terrassa, Vic. **6.** la Pobla de Claramunt. **8.** Guissona. **9.** Arenys de Mar. **10.** Castellvell del Camp, Cunit, la Granada, Lliçà de Vall, Premià de Mar, Súria, Vallfogona de Riucorp, Vilaverd. **11-12.** Calonge, Lladó, Pallejà, Saifores, Viladecavalls. **12.** Banyeres del Penedès, Esparreguera. **13.** Vinyoles. **16.** Albinyana, Alcanar, Alcoletge, l'Ampolla, Calafell (Sta. Creu), l'Escala, Navata, Tarragona (el Serrallo), Vilassar de Mar. **17.** Celrà. **18.** Pratdip. **18-19.** Montesquiu, Ullà. **19.** Olesa de Bonesvalls, Puigcerdà, Quart, Sant Andreu de Llavaneres,

Sant Gregori, Sant Martí Sarroca. **20.** Gòsol, Palafrugell, la Riera de Gaià, Santa Margarida de Montbui, Santa Margarida i els Monjos. **22.** Bonastre, Corbera de Ll., Esplugues de Ll., Masquefa, la Nou de Gaià, el Pont d'Armentera. **24.** l'Armentera, Lloret de Mar, Nulles, Santa Cristina d'Aro, Sarral. **25.** Arties, Avinyonet de Puigventós, Begues, Belianes, Benissanet, Bràfim, Camarles, Creixell, Espolla, la Granja d'Escarp, els Hostalets de Pierola, Monistrol de Montserrat, Mont-ras, Mont-roig del Camp, la Pineda, el Pla del Penedès, les Planes d'Hostoles, Portbou, Riudecanyes, Riudoms, Salt, Sant Carles de la Ràpita, Sant Jaume de Domenys, Sant Jaume de Llierca, Sant Jaume de Miami Platja, Sant Jaume d'Enveja, Sant Julià de Vilatorta, Sant Martí de Centelles, Sant Pol de Mar, Tivissa, la Torre de l'Espanyol, Vandellòs, Xerta. **25-26.** Arbúcies, Canyelles, Castellet i la Gornal, Clariana, l'Espluga de Francolí, Jorba, Masdenverge, Nulles, Olivella, el Papiol, Parets del V., Puigverd de Lleida, Sant Fost de Campsentelles, Sant Miquel de Balenyà, Sant Vicenç dels Horts, Torelló, Vilajuïga. **26.** Almoster, Blanes, Canovelles, Castellserà, Coll de Nargó, l'Estartit, Llavorsí, Mediona, el Pont de Vilomara i Rocafort, Sant Cugat Sesgarrigues, el Vendrell. **27.** Fornells de la Selva, Mataró. **28.** Fortià. **29.** Palau-Sacosta (Girona). **30.** Cubelles, Gualta, el Morell, Òrrius, la Riba, Vilallonga del Camp.

CATALUNYA NORD: 4-5. Sant Cebrià de Rosselló. **25.** Vilafranca del Conflent. **25-26.** Bompas, Prats de Molló.
ANDORRA: 3. Ordino. **10.** Anyós. **19.** Canillo, Erts. **25-27.** les Escaldes. **26.** Sant Julià de Lòria.

AGOSTO

1. Alella, Cabrera de Mar, Constantí, Monistrol de Calders, Montagut i Oix, Parlavà, Sant Feliu de Guíxols, Sant Feliu de Pallerols, Sant Iscle de Vallalta, Sort, Vall de Boí (Barruera). **1-2.** l'Albi, Cabrera d'Anoia, Caldes de Malavella, Castellgalí, Collbató, la Fatarella, Móra la Nova, Olvan, Pals, la Pobla de Montornès, el Pont de Suert, Riells i Viabrea, Sant Guim de Freixenet, Sant Pere de Riudebitlles, Tona, Vacarisses. **2.** Bordils, Cervelló, la Garriga, la Llacuna, Oliana, Olius, Salàs de Pallars, Sant Esteve de Palautordera, Sant Quirze Safaja, Santa Margarida i els Monjos, Tona, Vilabella. Vila-sacra. **3.** Bagà, Vilaseca. **4.** Argentona. **5.** Baqueira, el Port de la Selva, Vilanova i la Geltrú. **6.** Golmés, els Pallaresos, Peratallada, Sant Just Desvern, Sant Salvador de Guardiola, Torroella de Fluvià, Vilanova i la Geltrú, Vimbodí i Poblet. **7.** Peratallada, Riells del Fai. **8.** Miravet. **8-9.** Batea, Cabrera de Mar, l'Esquirol, Fontcoberta. **9.** Esterri d'Àneu, Maçanet de la Selva, Pla de Sant Tirs. **10.** Bescanó, Botarell, Guardiola de Berguedà, Llorenç del Penedès, el Pinell de Brai, Sant Climent de Ll., Sant Feliu de Ll., Sant Llorenç d'Hortons, Sant Llorenç de Morunys, Sant Llorenç Savall, Vila-rodona. **11.** Santa Susanna. **13.** Sant Hipòlit de Voltregà. **14.** Aiguamúrcia. **15.** Àger, Agullana, Aiguafreda, Albesa, Alcanar (les Cases), l'Aldea, Amer, Amposta, Arbeca, Banyoles, Barbens, la Bisbal d'Empordà, la Bisbal del Penedès, Bossòst, el Bruc, la Canonja, Capellades, Castellbell i el Vilar, Castellcir, Castell-Platja d'Aro, Castellvell del Camp, Castellví de la Marca, el Catllar, la Cellera de Ter, Corbera d'Ebre, Cubelles, Darnius, Deltebre, Falset, Figuerola d'Orcau, Flix, Florejacs, Garcia, Gòsol, Gràcia (Barcelona), Linyola, Maials,

Manlleu, Marçà, Martorell, Moià, Montmeló, Navarcles, Odèn, Olost, Organyà, la Palma de Cervelló, la Palma d'Ebre, el Pla de Santa Maria, Platja d'Aro, Puigpelat, Querol, Rajadell (Sant Amanç), Ribes de Freser, Roses, Sant Boi de Lluçanès, Sant Vicenç de Montalt, Santa Pau, Sarroca de Lleida, la Secuita, Segur de Calafell, Seva, Sils (Vallcanera), Solivella, Soriguera, Torregrossa, Torrelavit, Tortellà, Ullastrell, Vall de Cardós, Vallmoll, Vallvidrera (Barcelona), Vilabertran, Vilaller, Vilamur, Vilanova de la Barca, Vilobí del Penedès. **15-16.** Avinyonet del Penedès, Cabra del Camp, Cardedeu, Castelldefels, l'Espluga Calba, Gerri de la Sal, Gualba, Vulpellac. **16.** Almenar, Arenys de Mar, Banyoles, Plaça Nova/Barri Gòtic (Barcelona) *(des de 1589)*, Bàscara, Castellnou de Bages, Cornudella de Montsant, Fonollosa, Font-rubí, Gelida, Montferrer i Castellbò, l'Hospitalet de l'Infant, Malgrat de Mar, Montferrer i Castellbò, Ribes de Freser, Rubí, Sant Quintí de Mediona, Santa Coloma de Cervelló, Santa Coloma de Queralt, Talarn, Urús, Vall-llebrera, Vilobí del Penedès. **18.** Cabrils, Castelló d'Empúries. **19.** Tarragona. **20.** Ascó, Castellbisbal, Garriguella. **21.** Blanes, Barberà de la Conca, Sant Privat d'en Bas. **21-22.** la Batllòria, Castellví de la Marca,

el Masroig, el Montmell. **22.** l'Arboç, Gironella, Santa Maria d'Oló. **23.** Vilanova del V. **24.** Albinyana, Algerri, Alpicat, Bordils, els Hostalets de Balenyà, Igualada, Massalcoleig, Palafolls, Riba-roja d'Ebre, Roda de Berà, Sant Bartomeu del Grau, Sants (Barcelona), la Sènia, Sidamon, Sitges, Tordera, Vallbona d'Anoia, Vilassar de Dalt. **25.** l'Ametlla del V., Cervià de Ter, Navàs, Santes Creus, Taradell, Torrelles de Foix, Torroella de Montgrí. **26.** Granollers, Santa Oliva. **28.** Porquerisses. **28-29.** Avià, Casserres, Cervera, Juneda, Manresa, Miralcamp, Palau-solità i Plegamans, Pineda de Mar, Ripollet, Sant Hilari de Sacalm, Sant Hipòlit de Voltregà, Sant Julià de Llor, Vilanova d'Escornalbou, Vinaixa. **29.** Benavent de Segrià, Castellterçol, Isona i Conca Dellà, el Palau d'Anglesola, Palau-saverdera, els Plans de Sió, Ripollet, Rodonyà, Sant Climent Sescebes, Santes Creus, la Seu d'Urgell, Tavertet, la Torre de Cabdella, Ulldecona. **30.** Manresa, Matadepera, Vilafranca del Penedès. **30-31.** Santa Eulàlia de Riuprimer. **31.** Cardona, Sant Ramon.

CATALUNYA NORD: 1. la Roca d'Albera. **1-2.** Millars, Pia. **3.** Sant Esteve del Monestir. **8-9.** Cotlliure. **10.** Sant Llorenç de Cerdans, Sant Llorenç de Salanca. **15.** els Angles, Toluges. **21-22.** Banyuls de la Merenda. **28-29.** Montlluís.

ANDORRA: 1. Andorra la Vella. **15.** Encamp. **16.** Arinsal, Canillo, la Massana.

SEPTIEMBRE

1. Castelldans, Centelles, Dosrius, Figaró-Montmany, Ger, Pinós, Torà, Vall de Núria, Vilamalla. **2.** l'Escala, Rosselló, Tortosa. **4.** Torredembarra. **5.** Soses, Vilanova del Camí. **5-6.** Agramunt, Calaf, Gandesa, la Jonquera, Menàrguens, Sabadell, Sant Celoni, Sarrià de Ter, Vilagrassa, Vilanova de Bellpuig, Ullà, Vidreres, Vilanova de Bellpuig, Vilanova del Camí. **6.** Artés, les Borges Blanques, Llerona, Sant Andreu de la Barca, Sant Quirze del V., Santa Coloma de Gramenet, Santa Eugènia de Berga. **7.** Fondarella. **8.** Aldover, Benifallet, les Borges del Camp, Breda, Caldes d'Estrac, Cambrils, Canet de Mar, Cas-

tell-Platja d'Aro, Horta de Sant Joan, Juncosa, Llers, Llinars del V., les Masies de Voltregà, Montblanc, Olot, Palafolls, Piera, la Pobla de Montornès, Pont de Molins, Pratdip, Puigcerdà, la Ràpita, Ribera de Cardós, la Salut (Barcelona), Sanaüja, Sant Adrià de Besòs, Sant Vicenç de Torelló, Santa Maria de Martorelles, Santa Maria de Montcada, Seròs, Solsona, Torrelles de Foix, Tremp, Vall de Núria, Vielha e Mijaran, Viladecans, Viladrau, Vimbodí i Poblet. **9.** Solivella. **10.** Canyelles, Tàrrega. **11.** Altafulla, Cadaqués, Calders, Canyelles, Santa Maria de Besora, Saus. **12.** Bellcaire d'Urgell, Térmens. **12-13.** Asnurri, Castellar del V., la Granadella, Horta (Barcelona), la Llagosta, Lliçà d'Amunt, Ponts, Verdú. **13.** Àger, Cardona, Castellnou de Seana, Folgueroles, Martorelles, Sallent, Sant Feliu Sasserra, Sant Joan de les Abadesses, Tagamanent, Verdú, Vilobí d'Onyar. **14.** Anglesola, Bellpuig, la Riera de Gaià, Sant Cugat Sesgarrigues, Torrefarrera. **16.** Collbató, Tiana, Vilafant. **18.** Corró d'Avall, Vilabertran. **19.** Cervelló. **19-20.** Aiguaviva, Avinyó, la Portella, Sant Feliu de Codines, la Vall d'en Bas, Verges. **20.** Alcoletge, Begur, Campdevànol, Castellfollit de la Roca, Corró d'Avall, Creixell, Esplugues de Ll., Fogars de la Selva, les Franqueses del V., Palamós, Riudarenes, Sant Esteve d'en Bas, Vallirana. **21.** Besalú, Montornès del V., Riudecanyes, Sant Jaume de Llierca. **23.** Calella, Calldetenes, Roda de Ter, Sitges, Tarragona. **24.** Almacelles, Barcelona, Montcada i Reixac, Santa Coloma de Farners, Vallgorguina. **25.** Artesa de Segre, Reus. **26.** el Prat de Ll., Sarral, Sils, Vandellòs. **26-27.** Alforja, Canet d'Adri, Cervera, Colera, les Masies de Roda, les Planes d'Hostoles, Sant Cebrià de Vallalta, Vallfogona de Balaguer. **27.** Alguaire,

la Nou de Gaià, Sant Julià de Ramis, Sant Pere de Torelló. **28.** Sant Fost de Campsentelles. **29.** Almoster, Barceloneta (Barcelona), Bell-lloc d'Urgell, Castellar de n'Hug, Cervià de les Garrigues, Lleida, Molins de Rei, Montroig del Camp, Os de Balaguer, Riudellots de la Selva, la Roca del V., Segur de Calafell, Vall-romanes, Vila-sana. **29-30.** Tivenys.
CATALUNYA NORD: 8. Formiguera, Sant Cebrià de Rosselló. **20.** Ceret. **26.** Argelers. **29.** els Angles.
ANDORRA: 8. Canillo. **16.** Ordino.

OCTUBRE
3. Betren. **3-4.** Corçà, Medinyà, Riudecols. **4.** Alcanar, la Pobla de Lillet, Sudanell, Vilanova de la Barca. **8.** Gimenells i el Pla de la Font. **10.** Caldes de Montbui. **10-11.** la Granada. **11.** Anglès, Callús, Cercs, les Corts (Barcelona), les Preses, Santa Maria de Palautordera, Sarrià (Barcelona). **12.** Alba-tàrrec, Flaçà, Miravet, Rosselló, Vilaplana. **13.** Arenys de Munt. **17.** Alcover. **17-18.** Banyoles. **26.** Bellvís. **28.** Mataró. **29.** Girona, Olèrdola. **30.** Salou.
CATALUNYA NORD: 10-11. Sallagosa. **11.** els Banys d'Arles. **17.** Perpinyà.

NOVIEMBRE
7. Falset. **7-8.** Bescaran. **8.** Barbens, Castellà de Tort, Porrera, Sentmenat. **9.** Balaguer. **11.** els Alamús, L'Aleixar, Altafulla, Arenys de Munt, l'Armentera, Calonge, Camp de l'Arpa (Barcelona), Cerdanyola del V., el Clot (Barcelona), el Far d'Empordà, Ginestar, Guils de Cerdanya, Llampaies, Maçanet de Cabrenys, el Morell, Mura, Pau, Perelada, Puig-reig, Riells i Viabrea, Sant Celoni, Sant Martí de Provençals (Barcelona), Sant

Martí de Riucorb, Sant Martí de Tous, Sant Martí Sarroca, Sant Martí Sesgueioles, Talarn, Teià, Torrelles de Ll., la Verneda (Barcelona), Vilablareix, Viladecavalls, Vilallonga del Camp, Vilallonga de Ter, Xerta. **14-15.** Vidrà. **17.** Bàscara, Rajadell, Vidreres. **18.** Lloret de Mar. **22.** Odèn. **23.** Sant Climent de Ll., Sant Climent de Sescebes, Sant Llorenç Savall, Vilaller. **24.** Riudoms. **25.** Arbeca, Vinyols i els Arcs. **29.** Castellví de Rosanes, Montornès del V., la Roca del V., Sant Sadurní d'Anoia. **28-29.** Sant Andreu de Llavaneres, la Selva del Camp, Serinyà. **30.** Cànoves i Samalús, Castellcir, Estanyol, Gurb, Ivars d'Urgell, Oristà, Òrrius, la Riba, Salardú, Sant Andreu de la Barca, Sant Andreu de Palomar (Barcelona), Santa Coloma de Gramenet, Serinyà, Tona.
CATALUNYA NORD: 30. Bages de Rosselló.
ANDORRA: 30. Arinsal.

DICIEMBRE
4. Santa Bàrbara, Torres de Segre, Vallfogona de Riucorp. **5.** Vilobí d'Onyar. **5-6.** Borrassà. **6.** Castelldefels, Malgrat de Mar. **8.** Aiguafreda, Montesquiu, Sant Feliu de Ll. **10.** Bràfim, Garriguella, el Papiol, Santa Eulàlia de Riuprimer, Santa Eulàlia de Ronçana. **12-13.** Berga, Crespià. **13.** Aiguamúrcia, Caldes d'Estrac, la Fuliola, Santes Creus, Sant Salvador de Guardiola. **14.** Gavà. **18.** la Batllòria, Cadaqués. **21.** Ger. **26.** Castellar del V., Sant Esteve Sesrovires. **27.** Marçà. **30.** Centelles. **31.** Santa Coloma de Cervelló, Santa Coloma de Gramenet, Santa Coloma de Queralt.
CATALUNYA NORD: 10. Elna.

Dibujos de Xavier Nogués

MERCADOS

El mercado de Agramunt, desde 1128

Agramunt (municipio de la comarca del Urgell) ha sido
villa de mercados desde el siglo XII y de ferias desde el siglo XIV.
En 1163, Ermengol VII concedió carta de población a la villa
con un conjunto de privilegios que impulsaron su desarrollo.
En 1128 ya se tiene constancia de que se celebraba un mercado.
A mediados del siglo XX se construyó un gran mercado municipal,
convertido en 1994 en el actual museo Espai Guinovart.
Actualmente, el mercado semanal
se celebra cada miércoles en el casco antiguo.

BARCELONA

Lunes: Arenys de Munt, Barberà del Vallès, Begues, Cardedeu, Castellbisbal, Gelida, Manlleu, Pallejà, Parets del V., Polinyà, Sant Feliu de Llobregat, Santa Coloma de Gramenet, Teià. **Martes:** Cabrera de Mar, Cabrils, Caldes de Montbui, Capellades, Cornellà de Ll., Gavà, Manresa, el Masnou, Masquefa, Mollet del V., Premià de Dalt, Sabadell, Sant Adrià de Besòs, Sant Climent de Llobregat, Sant Fruitós de Bages, St. Jordi (Cercs), Sant Martí de Centelles, Sant Pere de Riudebitlles, Tiana, Vic, Vilafranca del Penedès. **Miércoles:** Artés, Avinyó, Badalona (encantes), Bagà, Bellavista, Canet de Mar, Castellbell i el Vilar, Castelldefels, Cervelló, Esplugues de Ll., Folgueroles, Gironella, la Llacuna, Manresa, Mataró, Montcada, Montesquiu, Montmajor, Montornès del V., Parets dle V., Perafita, Pineda de Mar, Ripollet, Sabadell, Sant Celoni (avícola), Sant Just Desvern, Sant Llorenç d'Hortons, Santa Coloma de Cervelló, Taradell, Terrassa, Torelló, Vallirana, Viladecans, Vilassar de Dalt. **Jueves:** Badia del Vallès, Balsareny, Casserres, Castellgalí, Castellnou de Bages, Cornellà de Ll., Esparreguera, Granollers (avícola), la Llagosta, Malgrat de Mar, Matadepera, Mataró, Monistrol de Montserrat, la Palma de Cervelló, el Prat de Llobregat, Premià de Mar, Roda de Ter, Sabadell, Sant Hipòlit de Voltregà, Sant Joan de Vilatorrada, Sant Joan Despí, Sant Julià de Vilatorta, Sant Pere de Torelló, Sant Sadurní d'Anoia, Sant Vicenç de Montalt, Sant Vicenç dels Horts, Santa Coloma de Gramenet, Santa Perpètua de Mogoda, Seva, Vilassar de Mar. **Viernes:** Aiguafreda, Alella, l'Ametlla del Vallès, Argentona, Badalona (encantes), Caldes d'Estrac, Cerdanyola del V.,

Cubelles, l'Esquirol, Llinars del Vallès. Mataró, Montmeló, Montornés del V., Navarcles, Olesa de Montserrat, Olost, Pineda de Mar, Puig-reig, la Roca del Vallès, Sabadell, Sant Andreu de la Barca, Sant Andreu de Llavaneres, Sant Boi de Ll., Sant Pere de Ribes, Sant Pol de Mar, Sant Quirze de Besora, Sant Vicenç de Castellet, Sant Vicenç dels Horts, Santpedor, Sentmenat, Tona, Torrelles de Foix, Vilanova del Camí. **Sábado:** Arenys de Mar, Badalona (encantes), Berga, Bigues i Riells, Calaf (desde 1226), Calders, Calella, Cànoves i Samalús, Castellar del Vallès, Castellterçol, Cornellà de Ll., Corró d'Avall, Esplugues de Ll., les Franqueses del Vallès, la Garriga, Granollers, els Hostalets de Balenyà, Igualada, Lliçà de Vall, Martorell (avícola), Martorelles, Mataró, Molins de Rei, Navàs, Òrrius, Palafolls, Palau-Solità, Piera, la Pobla de Lillet, Rellinars, Riells i Vilabrea, Rubí, Sabadell, Sant Cebrià de Vallalta, Sant Esteve de Palautordera, Sant Feliu de Codines, Sant Pere de Vilamajor, Sant Quintí de Mediona, Sant Sadurní d'Anoia, Sant Salvador de Guardiola, Santa Coloma de Gramenet, Santa Eulàlia de Ronçana, Santa Margarida de Montbui, Santa Maria de Palautordera, Santa Susanna, Súria, Vic, Viladecavalls, Vilafranca del Penedès, Vilanova i la Geltrú. **Domingo:** Barcelona (Zona Franca), Calldetenes, Canovelles, Canyelles, Cardona, Centelles, Collbató, Dosrius, Lliçà d'Amunt, les Masies de Voltregà, Moià, Prats de Lluçanès, Sallent, Sant Antoni de Vilamajor, Sant Esteve Sesrovires, Sant Quirze del Vallès, Sant Salvador de Guardiola, Sant Vicenç de Torelló, Santa Eugènia de Berga, Santa Margarida i els Monjos, Tordera, la Torre de Claramunt, Vallgorguina, Vilanova del Vallès. **Primer sábado:** Canet de Mar, Montgat, el Papiol, Sitges. **Segundo y último sábado:** Sant Cugat. **Tercer sábado:** El Papiol. **13 de abril:** Vic (*"Mercat del Ram"*). **Sábados de septiembre y octubre:** Guardiola de Berguedà (*seta*).

GIRONA
Lunes: Cadaqués, Olot, Riudellots de la Selva, Santa Coloma de Farners, Torroella de Montgrí. **Martes:** Besalú, Bescanó, Bordills, Caldes de Malavella, Campdevànol, Castelló d'Empúries, l'Estanyol, Hostalric, Lloret de Mar, Sant Joan les Fonts, Vilablareix, Verges. **Miércoles:** Amer, Banyoles, Begur, Cassà de la Selva, Llançà, Molló, Palamós (*desde 1277*), Puigcerdà, Salt, Sant Antoni de Calonge, Sant Pau de Segúries, Sant Pere Pescador, Sarrià de Ter, Vilablareix. **Jueves:** Calonge, la Cellera de Ter, l'Estartit, Figueres (*ropa*), Llagostera, Tossa de Mar, Vidrà, Vidreres, Viladrau. **Viernes:** la Bisbal d'Empordà, Celrà, les Planes d'Hostoles, Platja d'Aro, Porqueres, el Port de la Selva, Salt, Sils. **Sábado:** Alp, Anglès, Cassà de la Selva, Castellfollit de la Roca, Castelló d'Empúries, Girona, Llívia, Ribes de Freser, Ripoll, Sant Feliu de Pallerols, Sant Miquel de Fluvià, Santa Coloma de Farners, Santa Cristina d'Aro, Ullà, Vilafant. **Domingo:** Arbúcies, Bàscara (*desde 1187*), Breda, Camprodon, L'Escala, Fornells de la Selva, la Jonquera (*avícola*), Palafrugell, les Preses, Puigcerdà, Riudarenes, Roses, Sant Feliu de Guíxols, Sant Gregori, Sant Hilari Sacalm, Sant Joan de les Abadesses, Santa Pau, Tortellà. **24 de marzo:** Llagostera (*mercado romano*). **18-20 de abril:** Sant Climent Sescebes (*mercado romano*). **2-3 de mayo:** Santa Coloma de Farners (*hierbas ratafía*).

TARRAGONA
Lunes: l'Ametlla de Mar (exc. festivos), la Canonja (exc. festivos), el Pla de Santa Maria, Reus (*desde 1309*), Salou, Santa Coloma de Queralt (*desde 1222*), Tortosa, Vandellós. **Martes:** Alcover, l'Aleixar, Amposta, l'Arboç, Batea, Calafell, Camarles, Flix, Gandesa, Horta de Sant Joan, Tarragona, Tivissa, Torredembarra, Vila-rodona. **Miércoles:** l'Aldea, Alforja, l'Ampolla, la Bisbal del Penedès, Cambrils, Castellbell del Camp, Corbera d'Ebre, Cornudella de Montsant, L'Espluga de Francolí, Falset, Móra la Nova, la Pobla de Mafumet, la Selva del Camp, la Sènia, Tivenys, Valls, Vilallonga del Camp. **Jueves:** Alcanar, l'Ametlla de Mar (exc. festivos), Batea, Benifallet, Constantí, Cunit, Deltebre, Flix, Roda de Berà, Sarral, Tarragona, Vallmoll, Vila-Seca. **Viernes:** Ascó, Horta de Sant Joan, Montblanc, Mont-roig del Camp, Móra d'Ebre, Prades, Roquetes, Sant Jaume d'Enveja, Segur de Calafell, Tortosa, Ulldecona, el Vendrell. **Sábado:** Batea, les Borges del Camp, Comarruga, Flix, Miravet, el Morell, el Perelló, la Pobla de Montornès, Reus, Sant Carles de la Ràpita, Santa Bàrbara, Santa Oliva, la

Sènia, Solivella, Tivenys, Tortosa, Valls, Xerta. **Domingo:** Albinyana, Benissanet, Creixell, l'Hospitalet de l'Infant. **Segundo domingo:** l'Albiol. **17-18 de mayo:** Amposta (*Fiesta del Mercado*).

LLEIDA
Lunes: Corbins, Tàrrega, Tremp. **Martes:** Bellvís, les Borges Blanques, Bossòst, Castellserà, Sant Ramon de Portell, la Seu d'Urgell, Sort. **Miércoles:** Agramunt, Aitona, Alcoletge, Almenar, Belllloc d'Urgell, Maials, Mollerussa, la Pobla de Segur, Ponts. **Jueves:** l'Albí, Almacelles, Barbens, Bellver de Cerdanya, la Fuliola, Gòsol, Guissona, Ivars d'Urgell, Juneda, Linyola, Sant Guim de Freixenet, Viella, Vilaller, Vinaixa. **Viernes:** Alfarràs, Alguaire, Arbeca (exc. festivos), Artesa de Lleida, Castelldans, Cervera, Gimenells, Les, el Pont de Suert, Solsona, Torà, Torregrossa, Torres de Segre. **Sábado:** Arties, Balaguer, les Borges Blanques, Oliana, la Seu d'Urgell, Torrefarrera (Lleida). **Domingo:** Artesa de Segre, Esterri d'Àneu, Fondarella, Organyà (*avícola*), Os de Balaguer, Sanaüja, Sant Llorenç de Morunys, Torrefarrera (Lleida).

ANDORRA
Sábado: Encamp.

CATALUNYA NORD
Martes: els Angles, Tolugues. **Jueves:** Montlluís, Sant Llorenç de Salanca. **Viernes:** Tolugues. **Sábado:** Formiguera, Prada de Conflent, Sant Llorenç del Monestir. **Martes a domingo:** Perpinyà. **Domingo:** Sant Llorenç de Salanca.

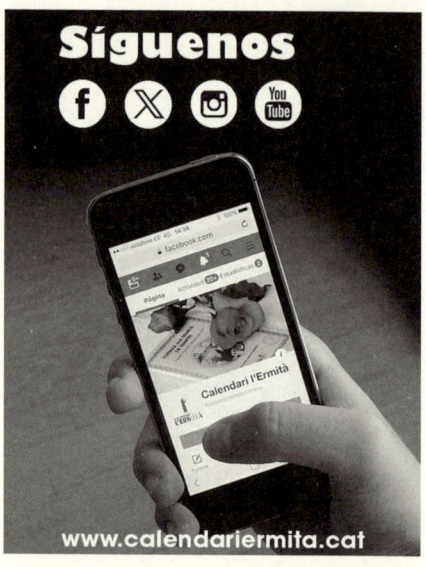

Torroella de Montgrí, desde 1393

Feria instituida por un privilegio otorgado por el rey Pere el Cerimoniós en 1373. Se celebraba alrededor de San Bartolomé (20 de agosto), pero fue trasladada a San Andrés (30 de noviembre). Históricamente, había sido un mercado muy importante para los ganaderos de la zona.
Hoy en día es una feria tradicional agrícola, ganadera y multisectorial, con actividades lúdicas, comerciales y culturales, que se prolonga durante quince días.

ENERO. 5. Casserres. **10-11.** Vilanova del Camí. **17-18.** Anglès, les Borges Blanques *(aceite)*, Espolla *(aceite)*, Falset, Santa Pau *(fríjol)*. **24.** l'Espluga de Francolí *(desde 1565)*. **25.** Òdena, Sant Pere de Torelló, Sant Pol de Mar, Tàrrega. **31.** Móra la Nova *(aceite)*.

FEBRERO. 1. Móra la Nova *(aceite)*, Perafita. **2.** la Pobla de Claramunt. **7.** la Vall de Bianya *(farro)*. **7-8.** Molins de Rei *(desde 1852)*. **8.** Bagà, Balsareny. **14-15.** Riudellots de la Selva *(cerdo)*. **21-22.** Batet de la Serra *(trigo sarraceno)*, Manresa. **22.** Tortellà. **28.** Crespià *(miel)*, Jesús *(aceite)*.
Catalunya Nord: 22. Illa *(cerdo)*.

MARZO. 1. Capellades, Crespià *(miel)*, Jesús *(aceite)*. **3.** Sant Cugat del Vallès. **7-8.** Sant Bartomeu del Grau *(naturaleza y montaña)*. **8.** la Cellera de Ter *(matanza del cerdo)*, Mollet de Peralada *(bacalao)*. **14-15.** Caldes de Montbui *(la olla y el caldero)*, Godall *(aceite y espárrago)*. **19.** Castellar del Vallès *(judía de "ganxet")*, Mollerussa. **21-22.** Alella, Castellterçol *(brocanteros y anticuarios)*, Gironella, Olot *(embutido)*, Ripoll. **22.** Bàscara *(artesanía)*, Bescanó *(embutido)*. **23.** Sant Jaume de Llierca. **28.** Riudecanyes. **28-29.** Tordera. **29.** Vic *(queso)*.

ABRIL. 2-3. Sort *(queso)*. **4-5.** Benavent de Segrià, el Port de la Selva *(espárrago)*, Roda de Ter *(semilla tradicional)*, Vilafant *(conejo)*. **5.** Castellcir. **6.** Bossòst. **11-12.** Artés, Campllong *(agrícola, ganadera y multisectorial)*, Salt *(flor y plantel)*, Terrassa *(aceite)*. **18-19.** l'Aldea *(arroz)*, Santa Eulàlia de Ronçana *(plantel)*. **19.** Navàs. **25-26.** Gavà *(espárrago)*, Martorell,

Peratallada *(hierbas)*, Premià de Mar, Piera, Puigverd de Lleida. **26.** Begues *(cerveza)*. **29.** Sant Antoni de Vilamajor *(transhumancia)*. **30.** Balaguer.

MAYO. 1. Balaguer, la Bisbal d'Empordà, Calders *(ganadera)*, Olot, Premià de Dalt *(artesana)*. **2.** Puigcerdà. **2-3.** Cardona *(sal)*, Cervera *(pan)*, Falset *(vino)*, Figueres. **3.** Agramunt, Callús, Olot, Sant Iscle de Vallalta *(fresa y vino)*, Sant Pol de Mar *(fresa)*, Terrassa, Vilaller *(ganadera)*. **9-10.** Cànoves i Samalús *(remedios)*, Constantí, Mataró, Sant Feliu de Llobregat, Sant Joan de les Abadeses, Tremp *(cordero)*, Viladecans. **10.** Muntanyola, l'Ametlla del Vallès *(hierbas medicinales y miel)*, Canyelles, Les *(oveja aranesa)*. **11.** Barcelona *(hierbas medicinales y miel)*, Sant Cugat del Vallès, Sant Llorenç Savall. **15.** Cervera, Riells i Viabrea, Taradell *(campesinado)*. **16-17.** Cardedeu, Solsona, Viladecans. **17.** Granollers, Linyola *(camamilla)*. **21-23.** Vilafranca del Penedès. **23-24.** Deltebre. **24.** Alpens *(forja)*. **25.** Miravet. **30-31.** Alguaire, Constantí, Manresa, Santa Coloma de Cervelló *(cereza)*. **31.** Pinós, Sant Llorenç de Morunys.
Catalunya Nord: 2-3. Vinçà *(granja)*. **15-17.** Toluges. **30-31.** Ceret *(cereza)*.

JUNIO. 6. Sant Julià de Vilatorta *(cerámica)*. **6-7.** Cambrils, el Papiol *(cereza)*, Peralada, Pineda de Mar, Sentmenat *(caracol)*, Torrelles de Llobregat *(cereza)*. **7.** Bellcaire d'Urgell, Santa Margarida i els Monjos *(hierbas medicinales)*, Vilanova de Sau *(hierbas medicinales)*. **13.** Argençola *(especias)*. **13-14.** Castellet i la Gornal, l'Hospitalet de Ll. *(expoaviga)*, Vilanova i la Geltrú *(vino)*. **14.** Sant Guim de Freixenet *(huevo)*. **20.** la Pobla de Segur. **20-21.** Esterri d'Àneu, Setcases *(hierbas medicinales)*, Sort, Vallirana *(vino, cava y payés)*. **24.** Olesa de Montserrat *(cerveza)*. **Catalunya Nord: 28.** Tuïr.

JULIO. 4-5. Colera *(miel)*. **11-12.** Benissanet *(melocotón)*. **18-19.** Bonastre, Móra d'Ebre, Reus *(caballo)*, Santa Eulàlia de Rançana *(tomate)*. **25.** el Catllar, Gòsol, Prats de Lluçanès. **25-26.** Calella de Palafrugell, Llagostera *(trilla)*, Reus *(caballo)*. **Catalunya Nord: 12.** Formigueres, Toluges *(cebolla)*. **19.** Oceja *(transhumancia)*.

AGOSTO. 1-2. Mont-roig del Camp, Setcases *(ganadera)*. **2.** Gósol *(siega y trilla)*. **4-5.** Valls. **8-9.** Batea *(vino)*, Riudoms *(avellana)*. **10.** Bellver de Cerdanya. **15-16.** Platja d'Aro *(medieval y artesanía)*. **16.** Llavorsí *(oveja)*. **22-23.** Artesa de Segre *(melón)*. **25.** Taradell *(mercado del s.XVII)*. **29-30.** Roquetes *(artesana)*. **Catalunya Nord: 2.** els Angles.

SEPTIEMBRE. 5-6. Calaf, Organyà *(libro del Pirineo)*. **8.** Sant Sadurní d'Anoia. **11.** Ribes de Freser *(miel)*. **12-13.** Canet de Mar *(modernista)*, Setcases *(seta)*. **19.** les Planes d'Hostoles *(juego y agraria)*. **19-20.** Balaguer, Berga *(ganadera y agraria)*, Lladó *(queso)*, Santa Coloma de Gramenet, Vilabertran *(manzana)*. **20.** Vilagrassa *(almendra)*. **22.** Sidamon *(calabazas)*. **23.** Cassà de la Selva. **24.** Calldetenes. **26-27.** Calella, Hostalric, Igualada, Sant Feliu de Codines *(calabaza)*, Sant Feliu de Barruera *(Vall de Bohí)*, Santpedor. **27.** la Pobla de Lillet *(seta)*, Santa Coloma de Queralt *(ganado)*, Sant Agustí de Lluçanès. **29.** Lleida *(ganadera, desde 1232)*, Segur de Calafell, Vila-sana. **Andorra: 26-27.** Sant Julià de Lòria.

OCTUBRE. 1. Llessui. **3.** Balaguer, Ribes de Freser *(ganadera)*. **3-4.** Artés *(vendimia)*, Berga *(seta)*, la Bisbal del Penedès *(artesanos)*, Cornellà del Terri *(ajo)*, Peracamps *(esqueje)*, la Pobleta de Bellveí *(ganadera)*, Tàrrega, Ventalló *(aceite)*, Villalonga del Camp. **4.** Alfarràs *(trucha de río y melocotón)*, Fonollosa, Horta de Sant Joan, Manlleu *(cerdo y cerveza)*, Sant Llorenç de Morunys *(calabaza)*, Sant Quirze de Besora. **6.** Les *(oveja)*. **7.** Salardú *(ganadera)*, Sedó *(calabazas)*. **8.** Vielha *(ganadera)*. **10.** el Montmell. **10-11.** Agramunt *(turrón y chocolate a la piedra)*, Alcover, Banyoles, Coll de Nargó *(rovellón)*, Dosrius, Rubí, Tivenys, Ulldecona. **12.** Bellver de Cerdanya *(ganadera)*, Llagostera *(seta)*, Reus, Tarragona. **13.** Espinavell *(ganado de tiro "tria de mulats")*. **14.** Llimiana. **15.** Ripoll *(oveja)*. **17-18.** Barbens, Esterri d'Àneu, Font-rubí, Mollerussa *(maquinaria)*, Navàs, Navès, Olesa de Bonesvalls *(oficios)*, el Pla de Santa Maria *(ganadera)*, Sant Celoni *(bosque)*, Santa Coloma de Cervelló *(modernismo)*, la Seu d'Urgell *(la más antigua de la Península)*, Solsona *(seta)*, Torrelles de Foix, Ullà *(manzana)*, el Vendrell, Vilobí d'Onyar *(leche)*. **18.** Alcarràs, Guardiola de Berguedà *(seta)*, Olot

(desde 1315), Santa Margarida i els Monjos *(ganadera)*, Ulldecona. **21.** Valls. **24-25.** Bellvís, Monistrol de Montserrat *(coca y requesón)*, Móra la Nova *(agrícola-ganadera)*, Sant Iscle de Vallalta *(seta)*, Sant Joan de Vilatorrada, la Selva del Camp *(desde 1503)*, Torrelles de Foix, Viladrau *(castaña)*, Vilanova de Prades *(castaña)*. **25.** Cardona *(seta "llanega")*, Castellterçol *(seta y hierbas medicinales)*, Isona *(seta)*, el Pont de Suert *(girella)*. **29.** Girona. **31.** Gósol. **Catalunya Nord: 11.** Vernet *(castaña)*. **18.** Perpinyà *(vino joven)*, Ur *(caballo)*. **25.** Fullà *(manzana)*. **31.** Perpinyà *(desde 1759)*. **Andorra: 4.** Sant Julià de Lòria. **18.** Canillo *(ganado)*. **27.** Andorra la Vella *(ganado)*.

NOVIEMBRE. 1. Arbúcies, Calaf *(calabaza)*, Girona, Guardiola de Berguedà, Oliana, Olost, Puigcerdà *(caballo)*, Sant Feliu Saserra, Sant Llorenç de Morunys *(ous d'euga" o calabaza)*, Sant Salvador de Guardiola *(payés y artesanía)*. **2.** Bagà, Santa Coloma de Queralt *(azafrán)*, Vilaller *(ganadera)*. **3.** la Pobla de Lillet. **7-8.** Bellpuig, Salàs de Pallars, Santa Coloma de Farners *(ratafía)*, Sort *(oveja "xisqueta")*, Súria *(oficios)*, Vilanova i la Geltrú, Vila-rodona *(multisectorial, desde 1393)*. **8.** Tremp *(membrillo)*, Vilanova de Meià *(perdiz)*, Vila-rodona *(agropecuaria)*. **14-15.** Banyoles *(ganado)*, Maials *(aceite)*, Odèn *(patata y sal)*, Talarn. **15.** Santa Eulàlia de Riupruimer *(seta "fredeluc" y butifarra)*. **21-22.** Santa Bàrbara *(aceite y cítricos)*. **25.** Arbeca. **28-29.** Barcelona *(Navidad)*, Cabanes, Constantí *(aceite)*, Falset, Juncosa *(aceite)*, Manresa, Organyà *(maquinaria, ganado)*, Torroella de Montgrí *(ganadera, desde 1393)*, Vallgorguina *(bosque y campesinado)*. **Catalunya Nord: 1.** Perpinyà *(desde 1759)*. **28 (hasta 6 de enero).** Perpinyà *(Navidad)*. **29.** Prada *(pato y avícola)*.

DICIEMBRE. 1-21. Barcelona *(Navidad)*. **4.** Agramunt. **5-6.** Canyelles *(Navidad)*, Cervià de les Garrigues *(aceite y azafrán)*, la Fatarella *(aceite)*, la Llacuna *(embutido)*, Llinars del Vallès *(turrón)*, Mura *(tió)*, Ribes de Freser *(montaña)*, Vic, Vilafranca del Penedès *(gallo)*. **6.** Belianes *(aceite)*, Mallol, Vilatenim *(campesinado)*. **6-8.** Porqueres, Premià de Dalt *(Navidad)*, Prullans. Santes Creus *(Navidad)*. **7.** Les. **8.** Camprodon, l'Espluga Calba, Gironella, Os de Balaguer, la Pobla de Segur, Sant Boi de Llobregat, Sarral *(agrícola, industrial, artesanía)*, Solsona *(tió)*. **12.** Balaguer, Guissona. **12-13.** Banyoles *(Navidad)*, Centelles *(trufa)*, Cervera *(Navidad)*, les Franqueses del Vallès, Montornès del Vallès *(Navidad)*, Mura *(tió)*, Navès *(Navidad)*, Pineda de Mar *(Navidad)*, Platja d'Aro *(Navidad)*, Sallent, Sant Celoni *(Navidad)*, Sant Quirze del Vallès *(Navidad)*, Sant Vicenç de Torelló *(Navidad)*. **13.** l'Arboç *(Navidad)*, Gelida *(artesanía)*, Prats de Lluçanès *(agrícola-ganadera)*. **19-20.** Alella *(Navidad)*, el Prat de Llobregat *(avícola)*, Mura *(tió)*, Sant Guim de Freixenet *(Navidad)*. **20.** Amposta. **21.** Blanes. **Andorra: 5-6.** la Massana.